小2 全科の復習テスト 算数

JN008982

この本の特色と使い方（指導される方々へ）

①学習したことがしっかりと身につくよう，くふうをこらしてつくった全科の復習テストです。

②小学２年で学習しなければならない，基礎・基本となるたいせつな学習内容と考え方を取り入れ，確実に力がつくように考えてあります。

マンガのキャラクター紹介

※カイとサクラは双子

はじめに

●各科目の学習内容をマンガでえがいているので，その学年で学ぶ内容がよくわかります。

本文

●「ふくしゅうのポイント！」は，その単元でどういう点に気をつけて学習をすればよいか書いてありますので，問題をとく前によく読んでおきましょう。

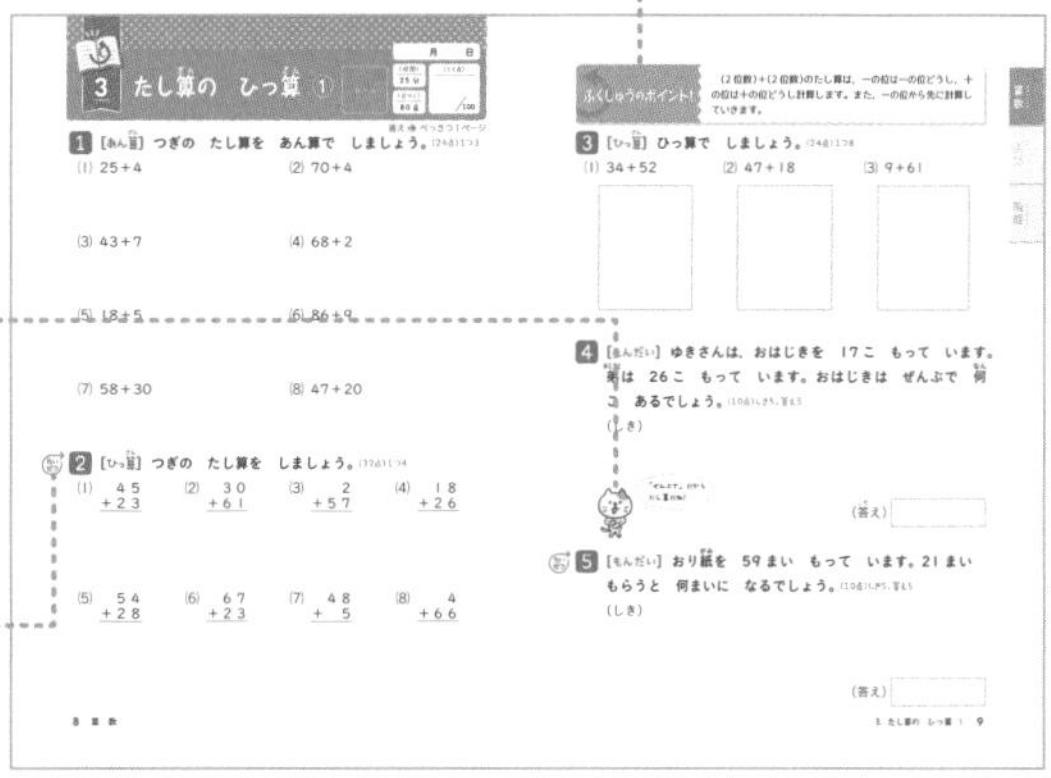

●コタロウは本文にも登場します。

●（たいせつ）マークは「たいせつな問題」で，テストによく出る問題です。とくに力を入れて解きましょう。

しあげテスト

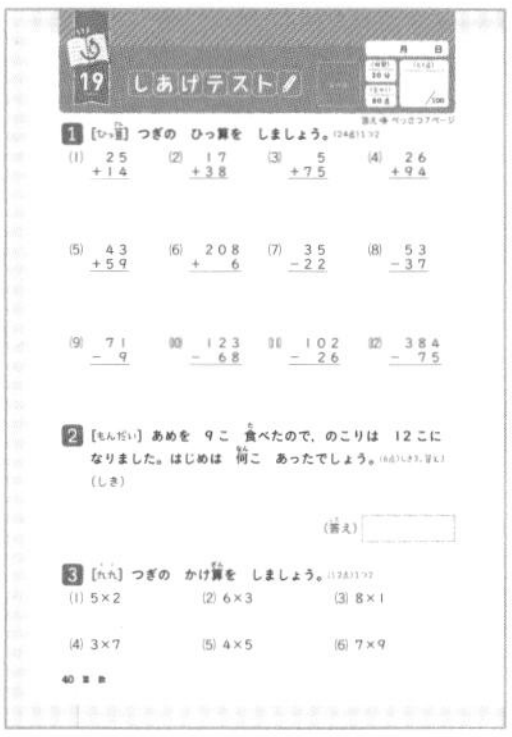

●このページで各科目の知識がしっかりと定着しているかを確かめましょう。

答え

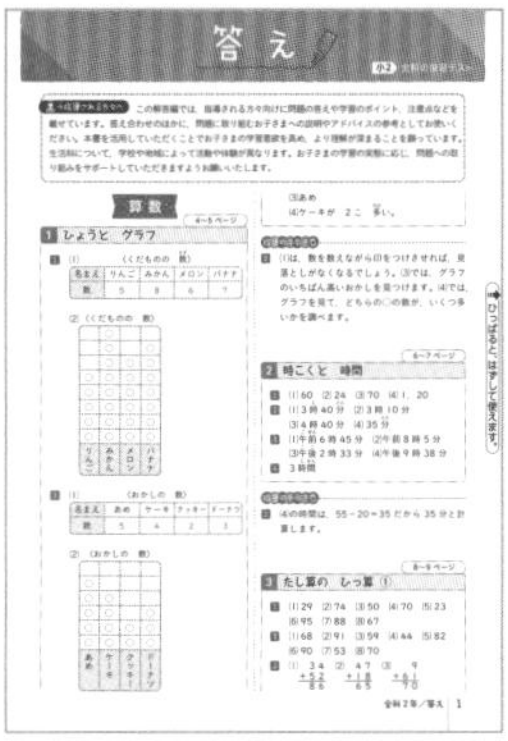

●「答え」には 指導の手引き や ここに注意！ などをつけて，まちがいの原因をさぐりやすくしました。

本書に関する最新情報は，当社ホームページにある**本書の「サポート情報」**をご覧ください。（開設していない場合もございます。）

もくじ

算数

生活

国語

国語は巻末から始まります。

2年

算数

はじめに

２年生では　たし算《ざん》や　ひき算の　ひっ算や　九九などの　けいさんを　べんきょうします。その　ほかにも　大きな　数や　三角形《さんかくけい》・四角形《しかくけい》などの　みんなが　よく　しって　いる　かたちに　ついても　べんきょうします。なんども　れんしゅうして　バッチリ　とけるように　なりましょう。

1 ひょうと　グラフ

月　　日

シール	〈時間〉20分	〈とく点〉
	〈合かく〉80点	/100

答え➔べっさつ1ページ

1 [ひょうと　グラフ] **くだものの　数《かず》を　しらべましょう。**(40点)1つ20

(1) しらべた　くだものの　数を，下の　ひょうに　書《か》きましょう。

〈くだものの　数〉

名まえ	りんご	みかん	メロン	バナナ
数				

(2) ○を　つかって，くだものの　数を　右の　グラフに　あらわしましょう。

〈くだものの　数〉

りんご	みかん	メロン	バナナ

ふくしゅうのポイント!

ものの数を，○を使ってグラフに表すときは，もの１個を○１個に対応させて書きます。

たいせつ **2** [ひょうと　グラフ] **おかしの　数《かず》を　しらべましょう。**(60点)1つ15

(1) しらべた　おかしの　数を，下の　ひょうに　書《か》きましょう。

〈おかしの　数〉

名まえ	あめ	ケーキ	クッキー	ドーナツ
数				

(2) ○を　つかって，おかしの　数を　右の　グラフに　あらわしましょう。

〈おかしの　数〉

あめ	ケーキ	クッキー	ドーナツ

(3) いちばん　多《おお》い　おかしは　何《なん》ですか。

(4) ケーキと　クッキーでは，どちらが　何こ　多いですか。

2 時《じ》こくと　時間《じかん》

月　　日

シール

〈時間〉20分

〈合かく〉80点

〈とく点〉　/100

答え➔べっさつ1ページ

1 [時間《じかん》の　たんい] □ に　あてはまる　数《かず》を　書きましょう。

(20点)1つ5

(1) 1時間＝□分《ぷん》　　(2) 1日＝□時間

(3) 1時間10分＝□分　　(4) 80分＝□時間□分

たいせつ **2** [時こくと　時間] つぎの　時こくや　時間を　書《か》きましょう。

(20点)1つ5

(1) 右の　とけいの　時こく

□

(2) 右の　とけいの　時こくから　30分前《まえ》の　時こく

□

(3) 右の　とけいの　時こくから　1時間後《あと》の　時こく

□

(4) 7時20分から　7時55分《ふん》までの　時間

□

ふくしゅうのポイント!

時刻と時刻の間が時間です。また，１日は，夜の０時から正午までが午前，正午から夜の０時までが午後です。

3 [午前《ごぜん》と　午後《ごご》] つぎの　絵《え》が　しめす　時《じ》こくを　午前や　午後を　つけて　書《か》きましょう。(40点)1つ10

(1)

(2)

(3)

(4)

4 [時間《じかん》] ゆうじさんは，図書《としょ》かんに　行《い》きました。図書かんについたのは，午前 11 時でした。図書かんを　出たのは，午後 2 時でした。図書かんに　いた時間は　何時間《なんじかん》ですか。(20点)

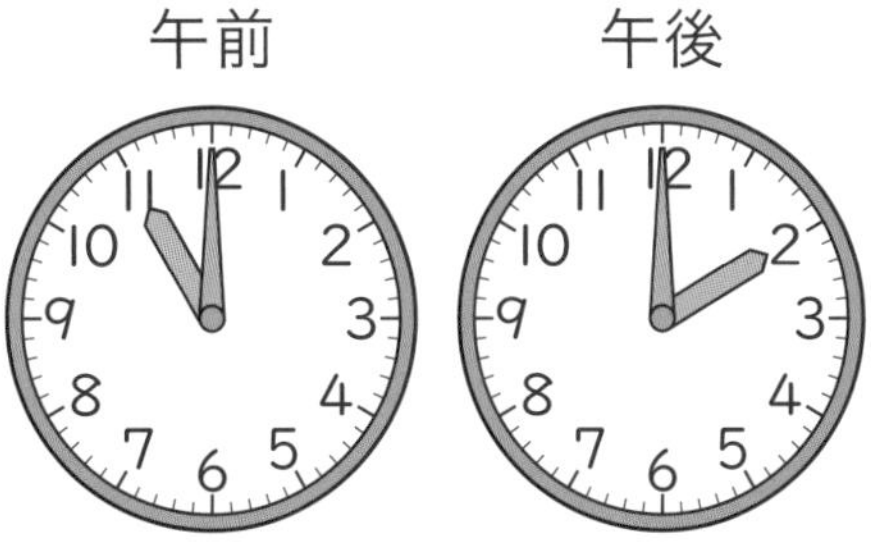

3 たし算《ざん》の　ひっ算《さん》 ①

月　　日

シール

〈時間〉25分

〈合かく〉80点

〈とく点〉　/100

答え→べっさつ1ページ

1 [あん算《ざん》] つぎの　たし算を　あん算で　しましょう。(24点)1つ3

(1) 25+4　　　　(2) 70+4

(3) 43+7　　　　(4) 68+2

(5) 18+5　　　　(6) 86+9

(7) 58+30　　　　(8) 47+20

たいせつ

2 [ひっ算《さん》] つぎの　たし算を　しましょう。(32点)1つ4

(1) $\begin{array}{r} 45 \\ +23 \\ \hline \end{array}$　　(2) $\begin{array}{r} 30 \\ +61 \\ \hline \end{array}$　　(3) $\begin{array}{r} 2 \\ +57 \\ \hline \end{array}$　　(4) $\begin{array}{r} 18 \\ +26 \\ \hline \end{array}$

(5) $\begin{array}{r} 54 \\ +28 \\ \hline \end{array}$　　(6) $\begin{array}{r} 67 \\ +23 \\ \hline \end{array}$　　(7) $\begin{array}{r} 48 \\ +\ \ 5 \\ \hline \end{array}$　　(8) $\begin{array}{r} 4 \\ +66 \\ \hline \end{array}$

ふくしゅうのポイント!

(2位数)+(2位数)のたし算は，一の位は一の位どうし，十の位は十の位どうし計算します。また，一の位から先に計算していきます。

3 [ひっ算《さん》] ひっ算で　しましょう。(24点)1つ8

(1) 34+52　　(2) 47+18　　(3) 9+61

4 [もんだい] ゆきさんは，おはじきを　17こ　もって　います。弟《おとうと》は　26こ　もって　います。おはじきは　ぜんぶで　何《なん》こ　あるでしょう。(10点)しき5，答え5

(しき)

(答《こた》え)

たいせつ **5** [もんだい] おり紙《がみ》を　59まい　もって　います。21まい　もらうと　何まいに　なるでしょう。(10点)しき5，答え5

(しき)

(答え)

月　日

4 ひき算《ざん》の　ひっ算《さん》 ①

シール

〈時間〉25分

〈合かく〉80点

〈とく点〉 /100

答え➔べっさつ2ページ

1 [あん算《ざん》] つぎの　ひき算を　あん算で　しましょう。(24点)1つ3

(1) 25－3　　(2) 78－4

(3) 46－6　　(4) 50－8

(5) 36－9　　(6) 74－7

(7) 100－30　　(8) 64－30

たいせつ 2 [ひっ算《さん》] つぎの　ひき算を　しましょう。(32点)1つ4

(1) $\begin{array}{r} 95 \\ -51 \\ \hline \end{array}$　(2) $\begin{array}{r} 84 \\ -24 \\ \hline \end{array}$　(3) $\begin{array}{r} 78 \\ -76 \\ \hline \end{array}$　(4) $\begin{array}{r} 29 \\ -\ 4 \\ \hline \end{array}$

(5) $\begin{array}{r} 86 \\ -29 \\ \hline \end{array}$　(6) $\begin{array}{r} 50 \\ -17 \\ \hline \end{array}$　(7) $\begin{array}{r} 41 \\ -32 \\ \hline \end{array}$　(8) $\begin{array}{r} 66 \\ -\ 8 \\ \hline \end{array}$

ふくしゅうのポイント!

- (2位数)−(2位数)のひき算は，位取りに注意し，一の位から順に計算していきます。
- 答えの十の位が0になるとき，0は書かないようにします。

3 [ひっ算《さん》] **ひっ算で　しましょう。**(24点)1つ8

(1) 67−25　　(2) 54−16　　(3) 26−9

4 [もんだい] **赤と　黄色《きいろ》の　チューリップが　ぜんぶで　32本　あります。そのうち，黄色の　チューリップは　17本でした。赤い　チューリップは　何本《なんぼん》　あるでしょう。**(10点)しき5，答え5

(しき)

(答《こた》え)

たいせつ **5** [もんだい] **算数《さんすう》の　テストで，ひかりさんは　94点《てん》，さなさんは　86点でした。どちらが　何点　高《たか》いでしょう。**

(しき)　　(10点)しき5，答え5

(答え)

5 1000までの 数《かず》

月　日

シール

〈時間〉20分

〈合かく〉80点

〈とく点〉　/100

答え→べっさつ2ページ

たいせつ **1** [数《かず》の しくみ] **つぎの 数を 数字《すうじ》で 書《か》きましょう。**

(20点)1つ4

(1) 100を 5こ，10を 8こ，1を 4こ あわせた 数　(　　　)

(2) 100を 3こ，1を 9こ あわせた 数　(　　　)

(3) 10を 23こ あつめた 数　(　　　)

(4) 700と 20と 6を あわせた 数　(　　　)

(5) 1000より 1 小さい 数　(　　　)

2 [数の しくみ] □に **あてはまる 数を 書きましょう。**

(8点)1つ4

(1) 451の 一のくらいの 数字は □で，百のくらいの 数字は □です。

(2) 990は，あと □で 1000に なります。

3 [数の線《せん》] □に **あてはまる 数を 書きましょう。** (12点)1つ4

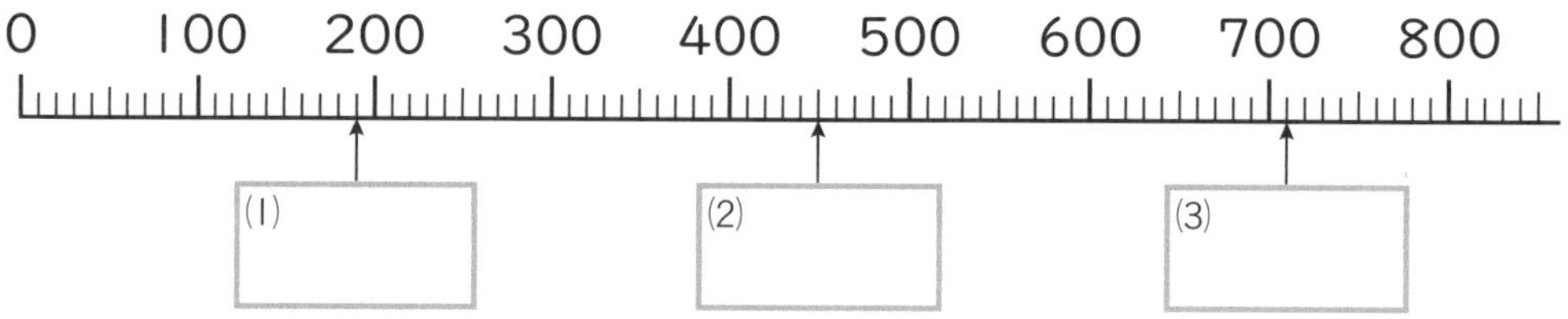

ふくしゅうのポイント！

- 数の線を読むときは，まず，１目もりがいくつを表しているかを調べます。
- 数の大きさは，上の位の数字から順に比べます。

4 ［数《かず》の　じゅんじょ］□に　あてはまる　数を　書《か》きましょう。

（10点）1つ5

(1) 870 — 880 — □ — □ — 910

(2) 395 — □ — □ — 410 — 415

5 ［数の　大小］□に　あてはまる　＞，＜，＝を　書きましょう。

（20点）1つ5

(1) 280 □ 278　　(2) 465 □ 546

(3) 80 □ 20＋60　　(4) 67 □ 30＋40

6 ［計算《けいさん》］つぎの　計算を　しましょう。（20点）1つ5

(1) 70＋50　　(2) 100＋800

(3) 130−70　　(4) 1000−200

7 ［もんだい］ゆみさんは　100円　もって　います。60円と20円の　おかしを　買《か》えるでしょうか。（10点）しき5，答え5

（しき）

（答《こた》え）□

6 計算《けいさん》の　じゅんじょ

シール

〈時間〉20分

〈合かく〉80点

〈とく点〉　/100

月　　日

答え→べっさつ3ページ

1 [じゅんに　たす，まとめて　たす] **みんなで　何円《なんえん》でしょう。それぞれ　１つの　しきに　あらわして，もとめましょう。**

(20点)しき5，答え5

(1) じゅんに　たしましょう。

(しき)

(答《こた》え)

(2) チョコレートと　ラムネの　ねだんを　まとめて　たしましょう。

(しき)

(答え)

たいせつ **2** [計算《けいさん》の　くふう] **くふうして　計算を　しましょう。**(30点)1つ5

(1) 13＋50＋20

(2) 45＋8＋2

(3) 3＋15＋5

(4) 29＋17＋3

(5) 27＋34＋6

(6) 8＋56＋14

ふくしゅうのポイント！

３つの数のたし算では，合わせて十や何十になる数を先にまとめてたすと，計算が簡単になります。まとめてたすときは，（　）を使います。

たいせつ **3** ［しきの　いみ］あめの　数《かず》を　もとめました。どのような　考《かんが》えで　計算《けいさん》したのでしょう。ア，イから　えらびましょう。

（20点）1つ10

⑴　(34＋15)＋5＝54

答《こた》え　54 こ　［　　］

⑵　34＋(15＋5)＝54

答え　54 こ　［　　］

ア	青い　あめの　数を　先に　計算した。
イ	ビン入りの　あめの　数を　先に　計算した。

4 ［(　)の　ある　しき］本だなに　絵本《えほん》が　16 さつ，ものがたりの　本が　27 さつ　あります。今日《きょう》，新《あたら》しく　ものがたりの　本を　3 さつ　買《か》って，本だなに　入れました。本だなに　ある　本は，何《なん》さつに　なったでしょう。

（　）を　つかって　ものがたりの　本を　まとめて，1 つの　しきに　あらわして　もとめましょう。（30点）しき20，答え10

（しき）

（答え）［　　］

7 たし算《ざん》の　ひっ算《さん》 ②

答え→べっさつ3ページ

たいせつ

1 [ひっ算《さん》] つぎの　たし算《ざん》を　しましょう。(24点)1つ3

(1) $\begin{array}{r} 74 \\ +85 \\ \hline \end{array}$　(2) $\begin{array}{r} 55 \\ +90 \\ \hline \end{array}$　(3) $\begin{array}{r} 24 \\ +83 \\ \hline \end{array}$　(4) $\begin{array}{r} 48 \\ +96 \\ \hline \end{array}$

(5) $\begin{array}{r} 65 \\ +48 \\ \hline \end{array}$　(6) $\begin{array}{r} 34 \\ +76 \\ \hline \end{array}$　(7) $\begin{array}{r} 47 \\ +59 \\ \hline \end{array}$　(8) $\begin{array}{r} 92 \\ +\ \ 8 \\ \hline \end{array}$

2 [3つの　数《かず》の　たし算] つぎの　たし算を　しましょう。(12点)1つ3

(1) $\begin{array}{r} 43 \\ 20 \\ +35 \\ \hline \end{array}$　(2) $\begin{array}{r} 59 \\ 26 \\ +72 \\ \hline \end{array}$　(3) $\begin{array}{r} 78 \\ 63 \\ +49 \\ \hline \end{array}$　(4) $\begin{array}{r} 68 \\ 16 \\ +57 \\ \hline \end{array}$

3 [まちがいさがし] つぎの　たし算で，答《こた》えが　正しい　ときは○を，まちがって　いる　ときは　正しい　答えを　(　)に　書《か》きましょう。(16点)1つ4

(1) $\begin{array}{r} 56 \\ +44 \\ \hline 90 \end{array}$　(2) $\begin{array}{r} 88 \\ +95 \\ \hline 183 \end{array}$　(3) $\begin{array}{r} 76 \\ 48 \\ +25 \\ \hline 149 \end{array}$　(4) $\begin{array}{r} 67 \\ 39 \\ +56 \\ \hline 152 \end{array}$

(　　)　(　　)　(　　)　(　　)

ふくしゅうのポイント!

一の位のたし算が 10 以上になるときは十の位に，十の位のたし算が 10 以上になるときは百の位にと，順にくり上げます。くり上げた数をたすのを忘れないように気をつけます。

4 [大きい　数《かず》の　ひっ算《さん》] **つぎの　たし算《ざん》を　しましょう。**(16点)1つ4

(1)
$$\begin{array}{r} 124 \\ +\ \ 63 \\ \hline \end{array}$$

(2)
$$\begin{array}{r} 34 \\ +617 \\ \hline \end{array}$$

(3)
$$\begin{array}{r} 703 \\ +\ \ \ \ 9 \\ \hline \end{array}$$

(4)
$$\begin{array}{r} 6 \\ +274 \\ \hline \end{array}$$

5 [もんだい] **かいとさんの　クラスでは，きのう　おりづるを　87 わ　おりました。今日《きょう》は，63 わ　おりました。おりづるは，ぜんぶで　何《なん》わ　できたでしょう。**(16点)しき8，答え8

(しき)

(答《こた》え)

6 [もんだい] **みんなで　何円に　なるでしょう。**(16点)しき8，答え8

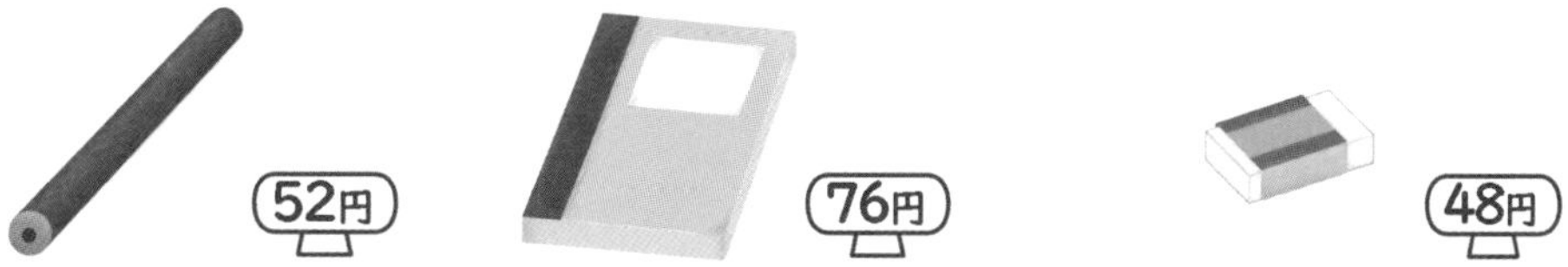

(しき)

(答え)

8 ひき算《ざん》の　ひっ算《さん》②

月　日

シール

〈時間〉25分

〈合かく〉80点

〈とく点〉　/100

答え→べっさつ3ページ

たいせつ

1 [ひっ算《さん》] つぎの　ひき算《ざん》を　しましょう。(24点)1つ3

(1) $\begin{array}{r} 134 \\ -\ \ 72 \\ \hline \end{array}$　(2) $\begin{array}{r} 161 \\ -\ \ 90 \\ \hline \end{array}$　(3) $\begin{array}{r} 128 \\ -\ \ 48 \\ \hline \end{array}$　(4) $\begin{array}{r} 106 \\ -\ \ 53 \\ \hline \end{array}$

(5) $\begin{array}{r} 125 \\ -\ \ 39 \\ \hline \end{array}$　(6) $\begin{array}{r} 112 \\ -\ \ 47 \\ \hline \end{array}$　(7) $\begin{array}{r} 173 \\ -\ \ 74 \\ \hline \end{array}$　(8) $\begin{array}{r} 190 \\ -\ \ 96 \\ \hline \end{array}$

2 [ひっ算] つぎの　ひき算を　しましょう。(12点)1つ3

(1) $\begin{array}{r} 103 \\ -\ \ 25 \\ \hline \end{array}$　(2) $\begin{array}{r} 104 \\ -\ \ \ 9 \\ \hline \end{array}$　(3) $\begin{array}{r} 100 \\ -\ \ 37 \\ \hline \end{array}$　(4) $\begin{array}{r} 100 \\ -\ \ \ 2 \\ \hline \end{array}$

3 [まちがいさがし] つぎの　ひき算で，答《こた》えが　正しい　ときは　○を，まちがって　いる　ときは　正しい　答えを（　）に　書《か》きましょう。(16点)1つ4

(1) $\begin{array}{r} 101 \\ -\ \ \ 6 \\ \hline 95 \end{array}$　(2) $\begin{array}{r} 153 \\ -\ \ 87 \\ \hline 76 \end{array}$　(3) $\begin{array}{r} 142 \\ -\ \ 45 \\ \hline 97 \end{array}$　(4) $\begin{array}{r} 100 \\ -\ \ 92 \\ \hline 18 \end{array}$

（　　　）　（　　　）　（　　　）　（　　　）

ふくしゅうのポイント!

十の位から一の位にくり下げられないときは，まず，百の位から十の位に１くり下げて，そのあと，十の位から一の位に１くり下げて計算します。くり下げたあと，十の位は９になります。

たいせつ

4 [大きい　数《かず》の　ひっ算《さん》] **つぎの　ひき算《ざん》を　しましょう。**（16点）1つ4

(1)
$$\begin{array}{r} 479 \\ -\ \ 26 \\ \hline \end{array}$$

(2)
$$\begin{array}{r} 853 \\ -\ \ 14 \\ \hline \end{array}$$

(3)
$$\begin{array}{r} 261 \\ -\ \ \ \ 9 \\ \hline \end{array}$$

(4)
$$\begin{array}{r} 714 \\ -\ \ \ \ 8 \\ \hline \end{array}$$

5 [もんだい] **子ども会《かい》から，おとなと　子ども　あわせて　121人で　ピクニックに　行《い》きます。そのうち，おとなは　46人です。子どもは　何人《なんにん》でしょう。**（16点）しき8，答え8

（しき）

（答《こた》え）

6 [もんだい] **ゆうりさんは　どんぐりを　175こ　ひろいました。おかあさんは　68こ　ひろいました。どちらが　何こ　多《おお》いでしょう。**（16点）しき8，答え8

（しき）

（答え）

9 長《なが》さ ①

月　　日

シール

〈時間〉20分

〈合かく〉80点

〈とく点〉　／100

答え → べっさつ4ページ

1 [長《なが》さの　たんい] □ に　あてはまる　長さの　たんいを　書《か》きましょう。(8点)1つ4

(1) えんぴつの　長さ………………13 □

(2) ノートの　あつさ………………　6 □

たいせつ **2** [ものさしの　読《よ》み] ものさしの　左の　はしから　(1), (2), (3)までの　長さは，それぞれ　どれだけでしょう。(12点)1つ4

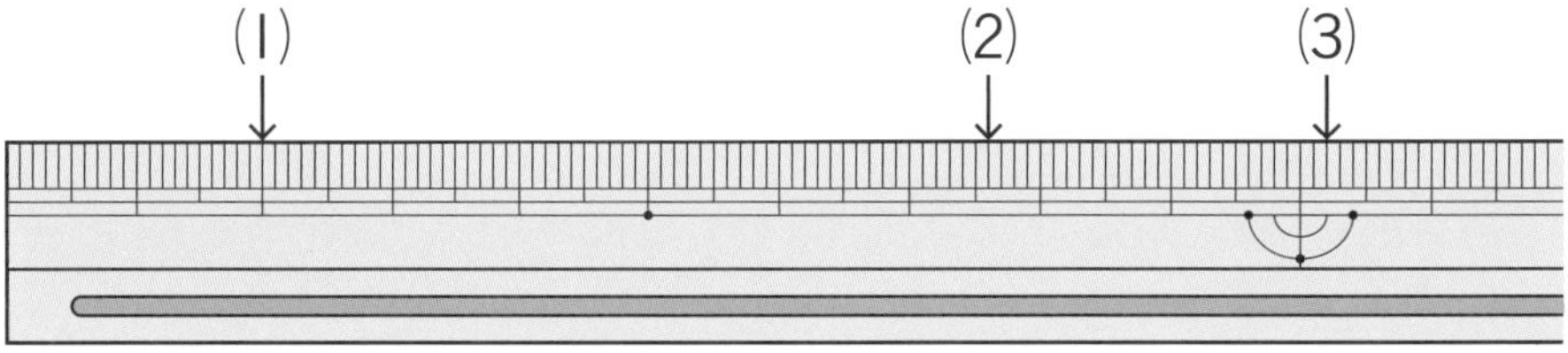

(1) □　　(2) □　　(3) □

3 [長さ] つぎの　テープの　長さは　どれだけでしょう。

(10点)1つ5

(1)

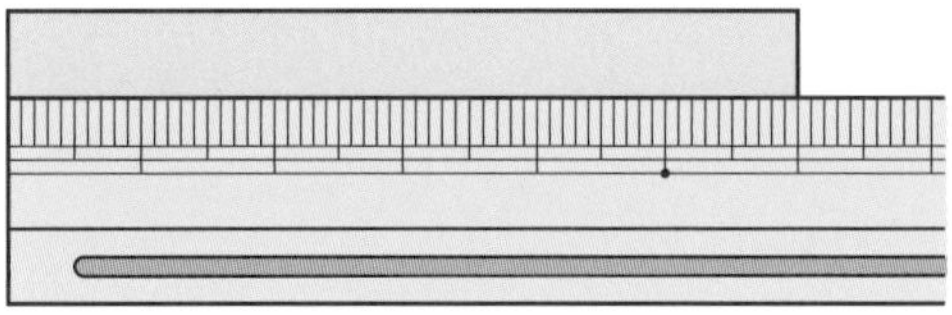

□

(2)

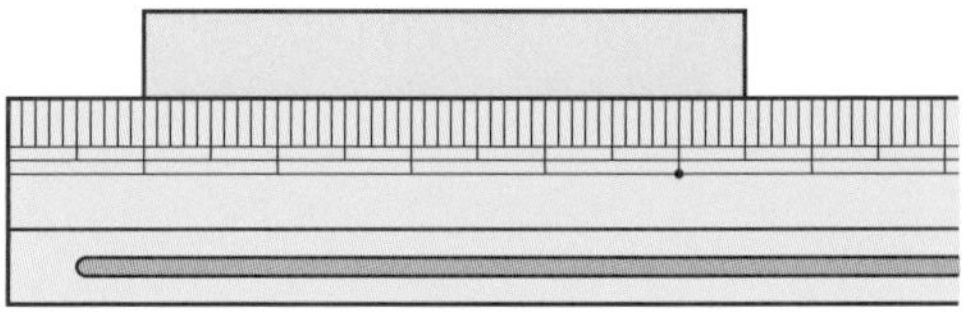

□

ふくしゅうのポイント！

- 1cm ＝ 10mm です。
- 長さを計算するときは，同じ単位どうしをたしたり，ひいたりして計算します。

4 [長《なが》さの　たんい] □ に　あてはまる　数《かず》を　書《か》きましょう。

(10点)1つ5

(1) 2cm＝□mm　　(2) 6cm2mm＝□mm

5 [長さくらべ] どちらが　長いですか。□ に，＜か　＞を　書きましょう。(10点)1つ5

(1) 53mm □ 5cm　　(2) 2cm6mm □ 28mm

6 [計算《けいさん》] つぎの　長さの　計算を　しましょう。(20点)1つ10

(1) 1cm5mm＋6cm　　(2) 9cm7mm − 7mm

たいせつ

7 [長さくらべ] 右の　2つの　線《せん》の　長さを　くらべます。(30点)1つ10

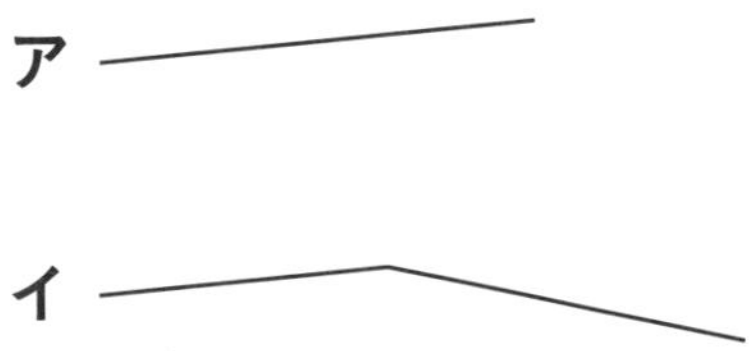

(1) アの　線の　長さは　どれだけですか。

□

(2) イの　線の　長さは　どれだけですか。

(しき)

(答《こた》え) □

(3) どちらの　線が　どれだけ　長いでしょう。

(しき)

(答え) □

10 長《なが》さ ②

月　日

シール

〈時間〉20分

〈合かく〉80点

〈とく点〉　／100

答え→べっさつ4ページ

1 [長《なが》さの　たんい] □に　あてはまる　数《かず》を　書きましょう。

(20点)1つ5

(1) 3m＝□cm　　(2) 600cm＝□m

(3) 5m5cm＝□cm　　(4) 420cm＝□m□cm

たいせつ

2 [長さくらべ] どちらが　長いですか。□に，＜か　＞を　書《か》きましょう。(20点)1つ5

(1) 120cm □ 1m2cm　　(2) 4m9cm □ 50cm

(3) 296cm □ 3m　　(4) 203cm □ 2m30cm

たいせつ

3 [計算《けいさん》] つぎの　長さの　計算を　しましょう。(20点)1つ5

(1) 5m20cm＋2m　　(2) 4m＋30cm

(3) 1m90cm－30cm　　(4) 6m40cm－40cm

ふくしゅうのポイント!

- 1m = 100cm です。
- 長さを計算するときは，同じ単位どうしをたしたり，ひいたりして計算します。

4 [計算《けいさん》] **ゆうさんが　たなの　高《たか》さを　はかると，30cm の ものさしで　4 つ分《ぶん》と，あと　20cm　ありました。**(20点)1つ10

(1) たなの　高さは，何《なん》 cm　ありますか。

(2) たなの　高さは，何 m 何 cm　ありますか。

5 [計算] **赤い　リボンが　60cm，白い　リボンが　70cm あります。あわせると　何 m 何 cm ですか。**(10点)

6 [計算] **ようすけさんの　しん長《ちょう》は，今年《ことし》　1m25cm でした。今年の　しん長は　きょ年より　6cm　のびて　いました。きょ年の　しん長は　何 m 何 cm ですか。**(10点)

11 三角形《さんかくけい》と　四角形《しかくけい》

月　　日

シール

〈時間〉20分

〈合かく〉80点

〈とく点〉　　/100

答え→べっさつ4ページ

たいせつ 1 [形《かたち》の　名まえと　いみ] □ に　あてはまる　数《かず》や　ことばを　書《か》きましょう。(20点)1つ10

(1) 4本の　直線《ちょくせん》で　かこまれた　形を, □ と　います。

(2) □ 本の　直線で　かこまれた　形を, 三角形《さんかくけい》と　います。

2 [なかま分《わ》け] 下の　形の　中から, 三角形と　四角形《しかくけい》を　3つずつ　見つけて, 記《き》ごうで　答《こた》えましょう。(20点)1つ10

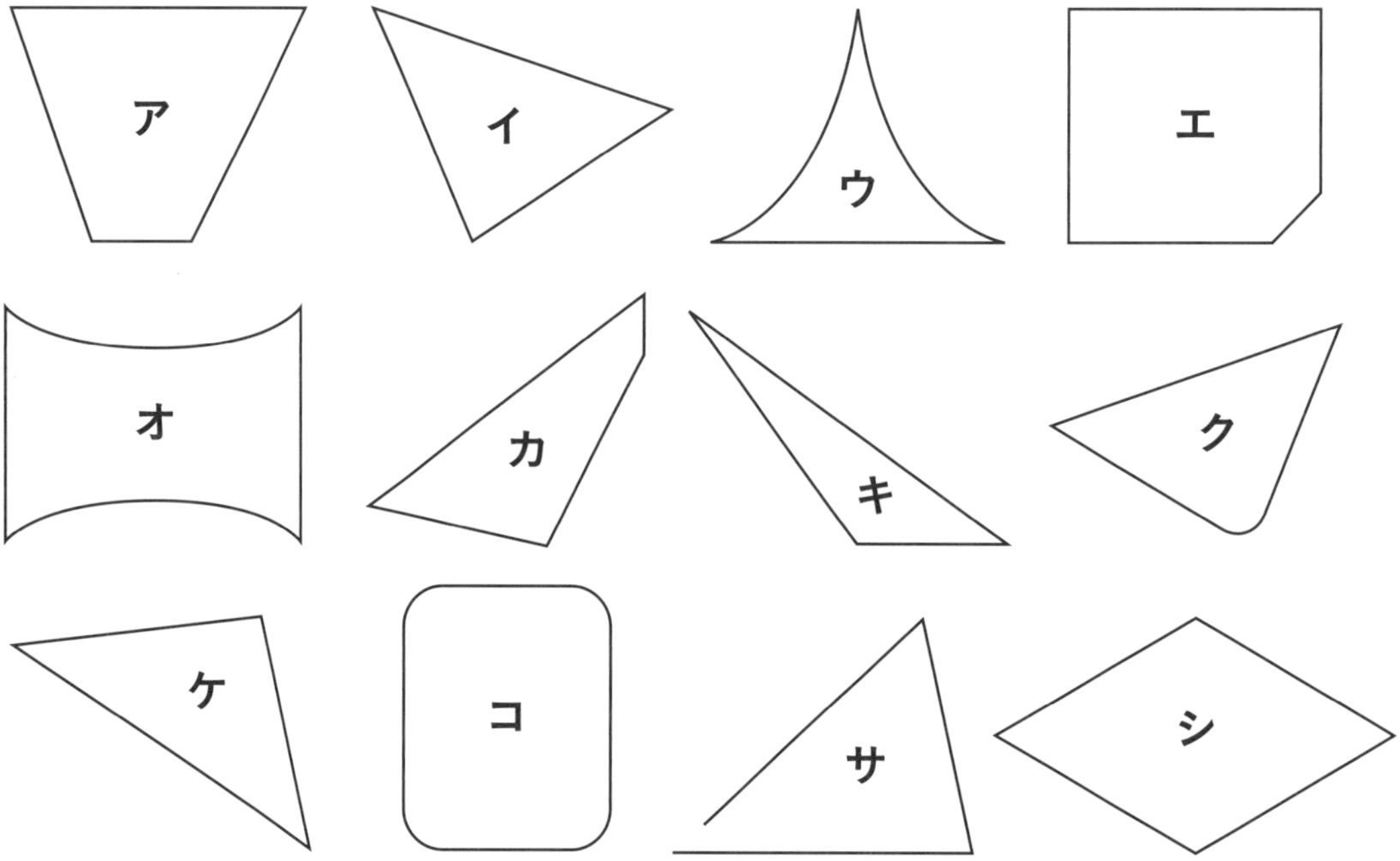

三角形 □　　四角形 □

ふくしゅうのポイント!

三角形や四角形を見分けるには，直線で囲まれているかどうかを確認します。三角形と四角形の違いは，直線の数できまります。

3 [三角形《さんかくけい》や　四角形《しかくけい》を　かく] **点《てん》と　点を　直線《ちょくせん》で　つないで，三角形と　四角形を　１つずつ　かきましょう。** (20点)1つ10

4 [紙《かみ》を　切《き》って　できる　形《かたち》] **画用紙《がようし》を　下の　図《ず》の　-----で　切りました。三角形と　四角形が，それぞれ　何《なん》こ　できたでしょう。** (20点)1つ10

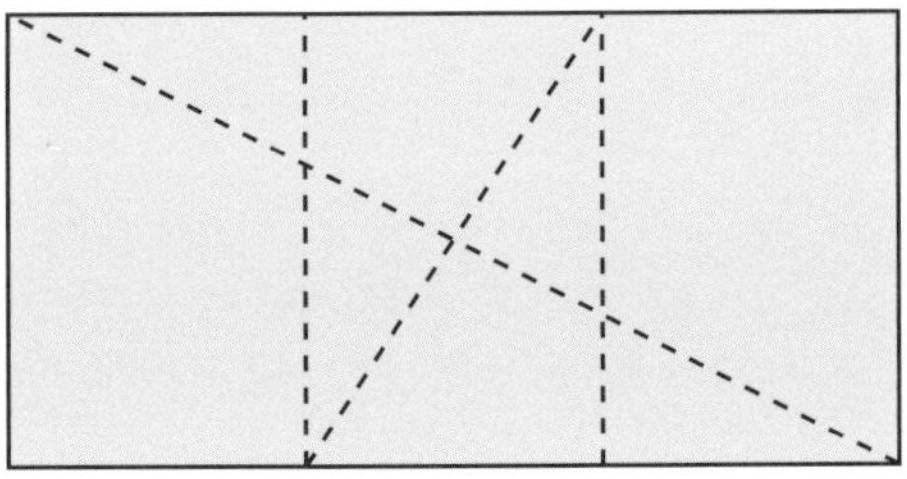

三角形 [　　　　]

四角形 [　　　　]

5 [三角形や　四角形を　つくる] **下の　三角形や　四角形に　直線を　１本　ひいて，つぎの　形を　つくりましょう。** (20点)1つ10

(1) ２つの　四角形

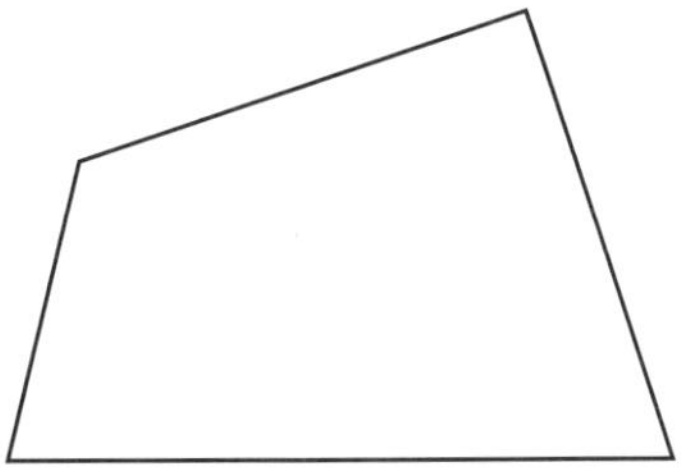

(2) 三角形と　四角形

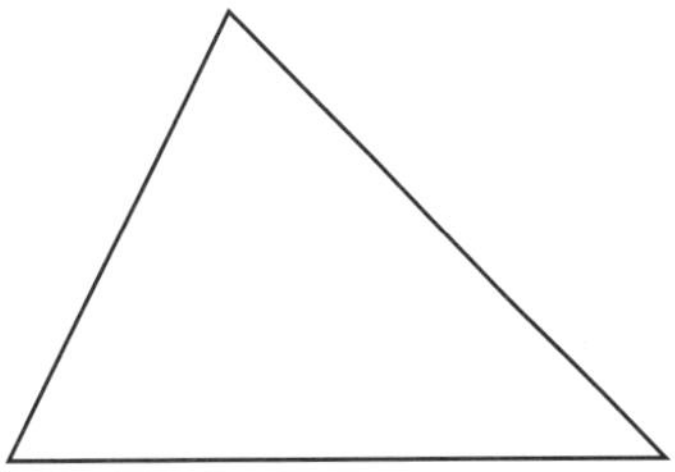

12

長方形《ちょうほうけい》と　正方形《せいほうけい》

月　　日

シール

〈時間〉20分

〈合かく〉80点

〈とく点〉　　/100

答え → べっさつ5ページ

1 [ちょう点《てん》と　へん]　□　に　あてはまる　ことばを　書きましょう。(20点)1つ10

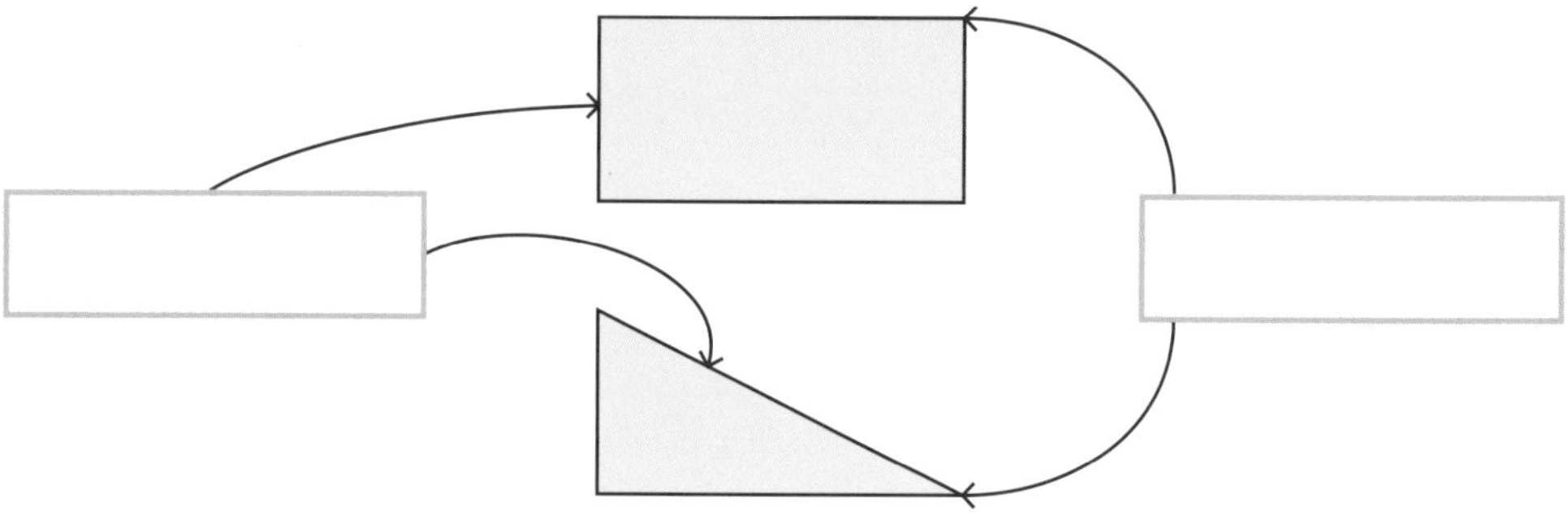

たいせつ **2** [四角形《しかくけい》，三角形《さんかくけい》]　□　に　あてはまる　ことばを　書《か》きましょう。(20点)1つ10

(1) 4つの　かどが　みんな　直角《ちょっかく》に　なって　いる　四角形を

□　と　いいます。

(2) 1つの　かどが　直角に　なって　いる　三角形を

□　と　いいます。

3 [直角]　直角は　どれですか。記《き》ごうで　答《こた》えましょう。(10点)

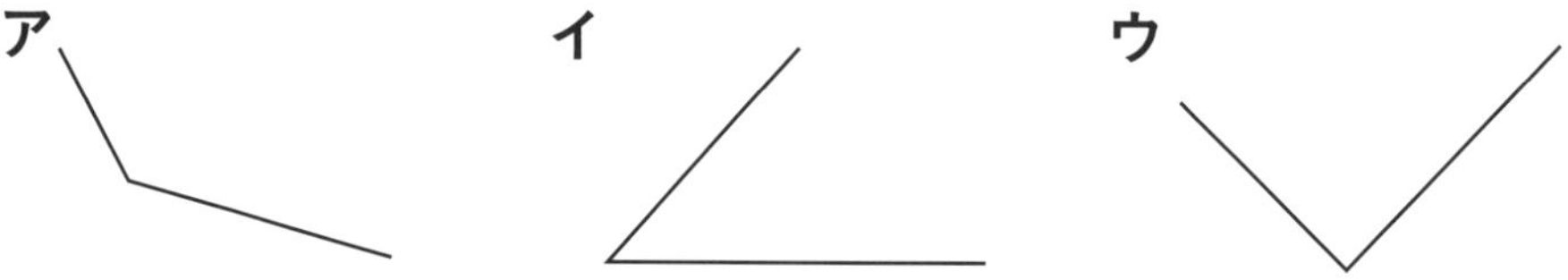

□

ふくしゅうのポイント!

四角形で，直線のところを「辺」といい，かどの点を「頂点」といいます。長方形では，向かい合った２つの辺の長さは同じです。正方形では，４つの辺の長さはみんな同じです。

4 [形《かたち》さがし] **下の　形の　中から，長方形《ちょうほうけい》と　正方形《せいほうけい》と　直角《ちょっかく》三角形《さんかくけい》を　見つけて，記《き》ごうで　答《こた》えましょう。** (30点)1つ10

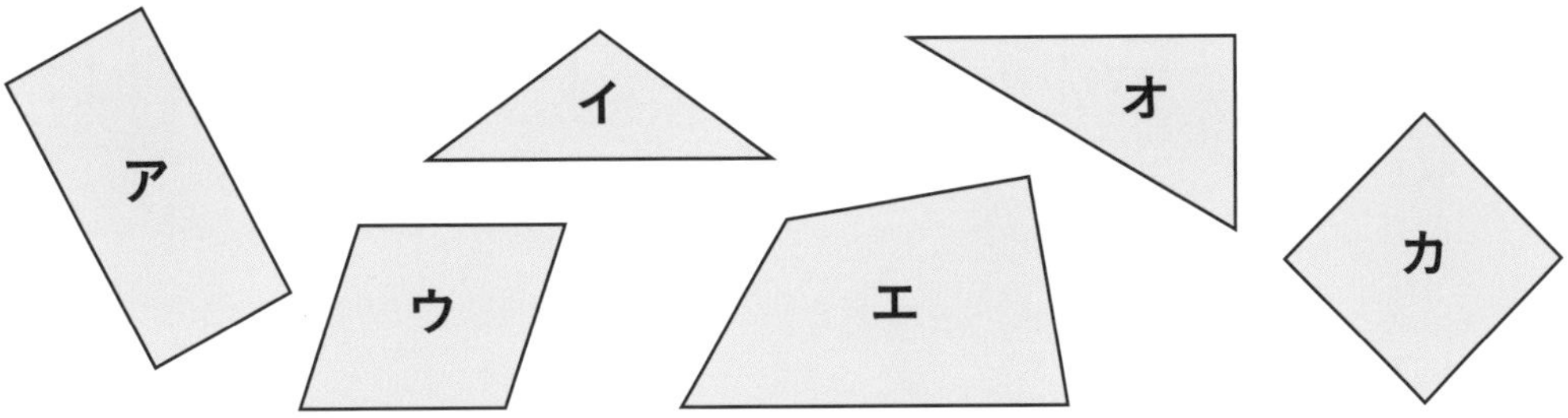

長方形 [　　　]　　正方形 [　　　]

直角三角形 [　　　]

たいせつ **5** [形づくり] **つぎの　四角形《しかくけい》を　かきましょう。** (20点)1つ10

(1) へんの　長さが　3cm の　正方形

(2) へんの　長さが　2cm と　4cm の　長方形

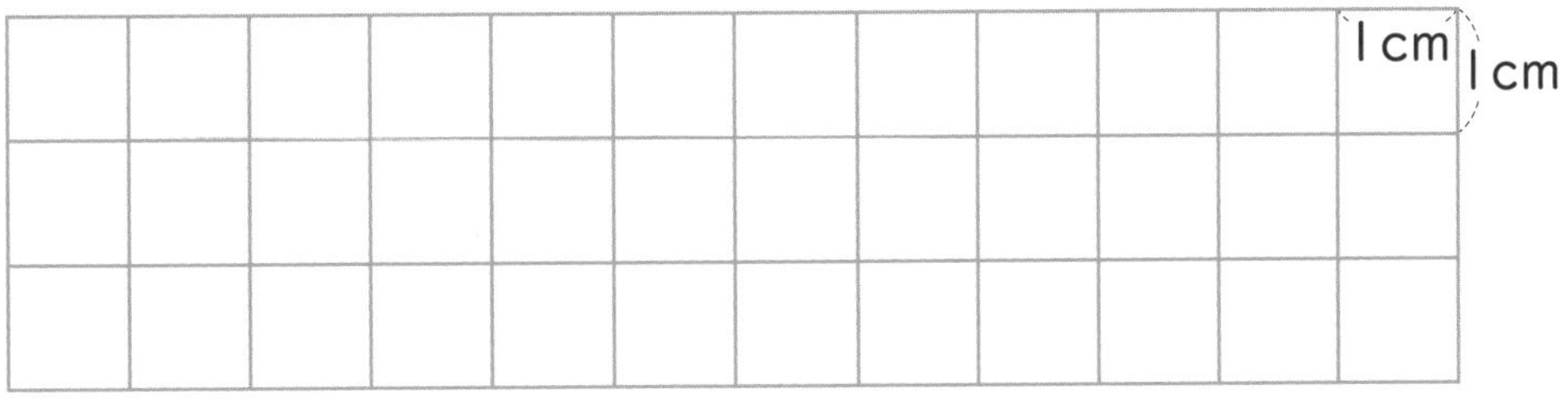

13 かさ

月　日

シール

〈時間〉20分

〈合かく〉80点

〈とく点〉 /100

答え → べっさつ5ページ

1 [ますで　はかる] つぎの　かさは　いくらでしょう。(16点)1つ4

(1)

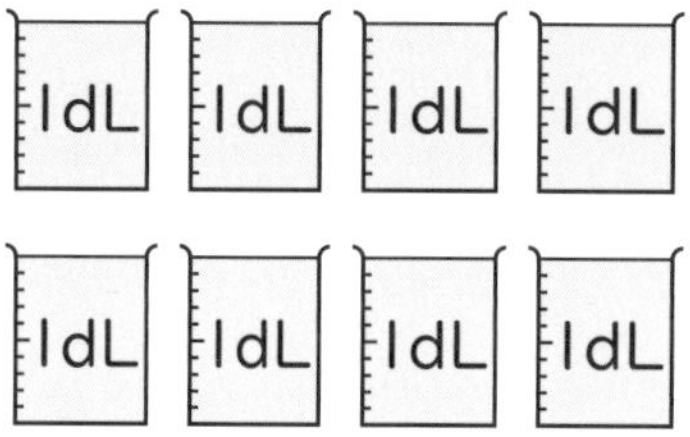

□

(2)

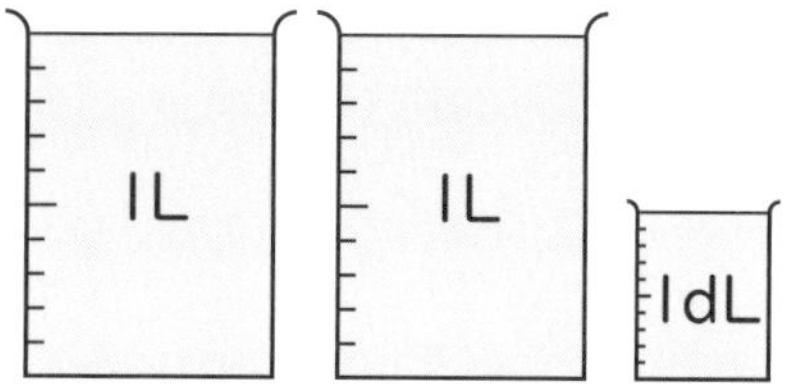

□

(3)

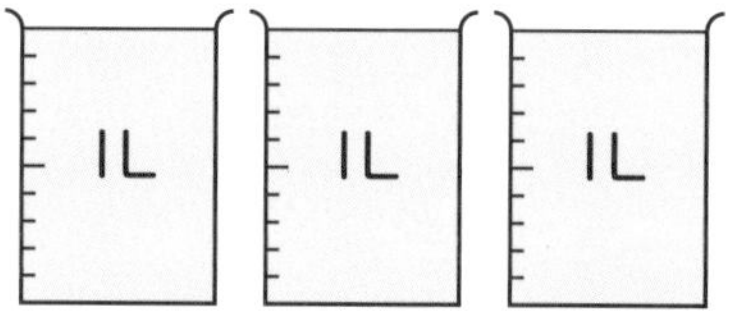

□

(4)

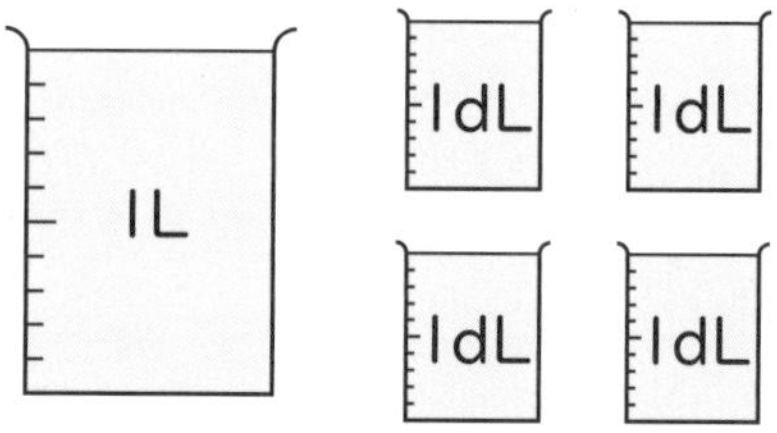

□

たいせつ **2** [かさの　たんい] □に　あてはまる　数《かず》を　書《か》きましょう。

(20点)1つ4

(1) 6L＝□dL　　(2) 1L8dL＝□dL

(3) 35dL＝□L□dL

(4) 2L＝□mL　　(5) 3000mL＝□L

ふくしゅうのポイント！

- 1L ＝ 10dL，1dL ＝ 100mL，1L ＝ 1000mL です。
- かさを計算するときは，同じ単位どうしを，たしたりひいたりして計算します。

3 [かさくらべ] **どちらが　多《おお》いですか。□に　＜か　＞を　書《か》きましょう。** (20点)1つ5

(1) 3L □ 23dL　　(2) 4L5dL □ 4L

(3) 4000mL □ 50dL　　(4) 1L □ 2000mL

4 [かさの　計算《けいさん》] **つぎの　かさの　計算を　しましょう。** (20点)1つ5

(1) 5L＋2L3dL　　(2) 3L6dL－1L

(3) 1L4dL＋5dL　　(4) 4L8dL－6dL

たいせつ **5** [かさの　もんだい] **アの　水とうに　1L5dL，イの　水とうに　3dLの　水が　入って　います。** (24点)しき6，答え6

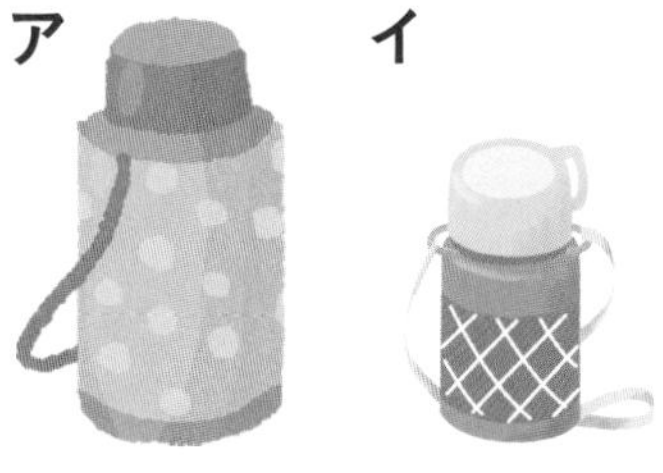

(1) 水は　あわせて　どれだけでしょう。

(しき)

(答《こた》え) □

(2) 水の　かさの　ちがいは　どれだけでしょう。

(しき)

(答え) □

14 かけ算《ざん》

月　　日

〈時間〉20分　〈合かく〉80点　〈とく点〉　／100

シール

答え→べっさつ5ページ

1 [九九《くく》] つぎの　かけ算《ざん》を　しましょう。(30点)1つ2

(1) 5×3　　(2) 4×5　　(3) 2×9

(4) 3×7　　(5) 5×6　　(6) 4×1

(7) 2×2　　(8) 9×2　　(9) 8×3

(10) 1×5　　(11) 7×4　　(12) 9×4

(13) 6×5　　(14) 8×8　　(15) 7×9

2 [もんだい] みかんを　2こずつ　8人に　くばります。ぜんぶで　何《なん》こ　いるでしょう。(10点)しき5，答え5

(しき)

(答《こた》え)

3 [もんだい] ひごで，右のような　形《かたち》を　8こ　つくります。ひごは　ぜんぶで　何本　いるでしょう。(10点)しき5，答え5

(しき)

(答え)

ふくしゅうのポイント！

- 1の段の九九の答えは，かける数と同じになります。
- 2つ分，3つ分のことを，2倍，3倍ともいいます。何倍かの大きさを求めるときも，かけ算の式になります。

4 ［もんだい］ **いちごは　ぜんぶで　何《なん》こ　あるでしょう。**

(8点)しき4，答え4

（しき）

（答《こた》え）

5 ［ばいと　かけ算《ざん》］ **6cm の　7 ばいの　長《なが》さは　何 cm でしょう。**

(15点)しき8，答え7

（しき）

（答え）

たいせつ **6** ［もんだい］ **ドーナツが　5 こずつ　入って　いる　はこが　2 はこと，4 こずつ　入って　いる　はこが　3 はこ　あります。ドーナツは　ぜんぶで　何こ　あるでしょう。**

(15点)しき8，答え7

（しき）

（答え）

7 ［九《く》九《く》を　こえる　かけ算］ **つぎの　かけ算を　しましょう。**

(12点)1つ2

(1) 8×11　　(2) 6×13　　(3) 5×12

(4) 12×7　　(5) 13×9　　(6) 11×4

15 九九《くく》の　ひょう

月　　日

シール

〈時間〉20分

〈合かく〉80点

〈とく点〉　/100

答え→べっさつ6ページ

1 [九九《くく》の　ひょう] 下の　九九の　ひょうの　㋐〜㋙に　あてはまる　数《かず》を　書《か》きましょう。(30点)1つ3

		かける数								
		1	2	3	4	5	6	7	8	9
かけられる数	1	㋐	2	3	4	5	6	7	8	9
	2	2	4	6	8	10	㋑	14	16	18
	3	3	6	9	12	15	18	21	24	㋒
	4	4	8	12	16	㋓	24	28	32	36
	5	5	10	㋔	20	25	30	35	40	45
	6	6	12	18	24	30	36	42	48	㋕
	7	7	14	21	28	35	42	㋖	56	63
	8	8	16	24	㋗	40	48	56	64	72
	9	9	㋘	27	36	45	54	63	㋙	81

たいせつ **2** [九九の　きまり] □に　あてはまる　数を　書きましょう。

(15点)1つ5

(1) 4のだんでは，かける数が　1　ふえると，答《こた》えは □ だけ　ふえます。

(2) 7×9＝7×8＋□

(3) 8×6＝□×8

ふくしゅうのポイント!

かけ算では，かける数が１増えると，答えはかけられる数だけ増えます。また，かけられる数とかける数を入れかえて計算しても，答えは同じになります。

3 [答《こた》えが　同《おな》じに　なる　九九《くく》] 答えが　つぎの　数《かず》に　なる　九九を　ぜんぶ　書《か》きましょう。(24点)1つ6

(1) 9

(2) 24

(3) 36

(4) 42

4 [九九を　つかって] □ に　あてはまる　数を　書きましょう。

(20点)1つ5

(1) 2×□＝14　　(2) □×9＝72

(3) 2×8＝4×□　　(4) 3×4＝□×2

たいせつ

5 [九九を　見つける] 下の　(れい)のように，●が　18こ　ならんだ　図《ず》から，3×6の　九九を　見つけました。この　ほかに，3×6の　九九を　見つけて，●を　かこみましょう。(11点)

(れい)

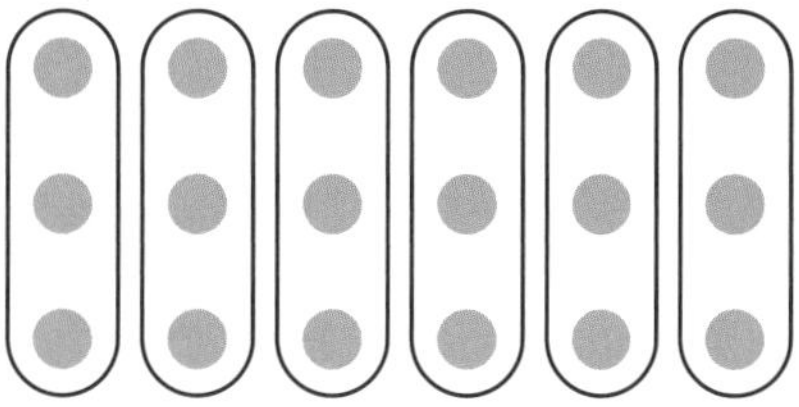

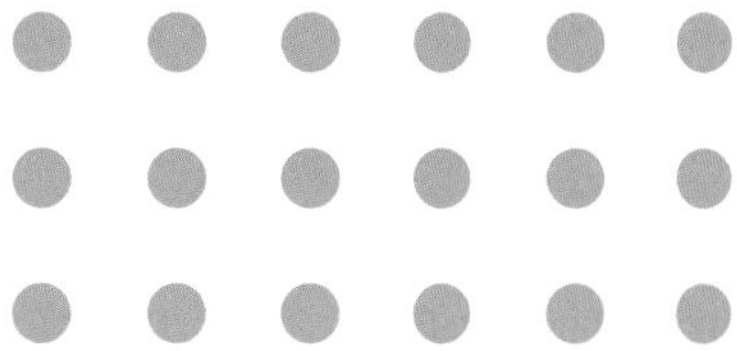

10000までの 数《かず》, 分数《ぶんすう》

シール

月　日

〈時間〉 20分

〈合かく〉 80点

〈とく点〉 /100

答え → べっさつ6ページ

1 [数字《すうじ》で 書《か》く] **数字で 書きましょう。**(10点)1つ5

(1) 七千二百八十三　□

(2) 千六　□

2 [数《かず》の しくみ] □ **に あてはまる 数を 書きましょう。**(10点)1つ5

(1) 4926は, 1000を 4こ, 100を □ こ, 10を 2こ, 1を 6こ あわせた 数です。

(2) 3504の 千のくらいの 数字は □ で, 十のくらいの 数字は □ です。

たいせつ **3** [数の しくみ] **つぎの 数を 書きましょう。**(20点)1つ5

(1) 1000を 6こ, 100を 7こ, 10を 1こ あわせた 数　(　　)

(2) 8000と 30と 5を あわせた 数　(　　)

(3) 1000を 10こ あつめた 数　(　　)

(4) 10000より 10 小さい 数　(　　)

ふくしゅうのポイント！

- 数字を書く位置によって，数の大きさが違ってきます。特に0の位置に気をつけます。
- $\frac{1}{2}$，$\frac{1}{4}$ のように表した数を，分数といいます。

4 ［分数《ぶんすう》の　あらわしかた］ 色《いろ》を　ぬった　ところは，もとの　大きさの　何分《なんぶん》の１ですか。分数で　書《か》きましょう。（15点）1つ5

(1)
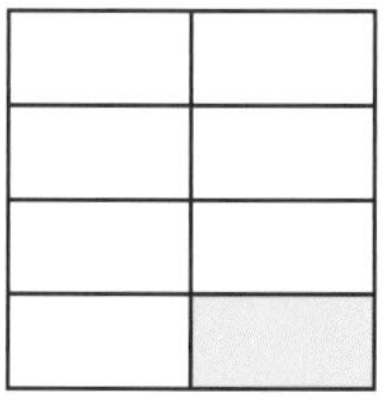

(2)
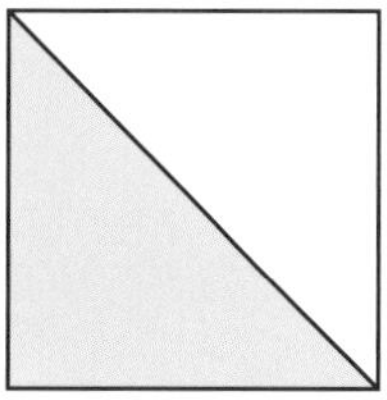

(3)

たいせつ **5** ［数《かず》の線《せん》］ □ に　あてはまる　数を　書きましょう。（21点）1つ7

(1) □　(2) □　(3) □

たいせつ **6** ［数の　じゅんじょ］ □ に　あてはまる　数を　書きましょう。（14点）1つ7

(1) 8980 ― 8990 ― □ ― □ ― 9020

(2) □ ― 7000 ― □ ― 7200 ― 7300

7 ［数の　大小］ 大きい　数から　じゅんに　書きましょう。（10点）

6564　6546　6645　6465

（　　→　　→　　→　　）

シール

〈時間〉20分　〈合かく〉80点　〈とく点〉 /100

17 はこの 形《かたち》

答え → べっさつ6ページ

1 [はこの 形《かたち》] □ に あてはまる ことばを 書《か》きましょう。

(15点)1つ5

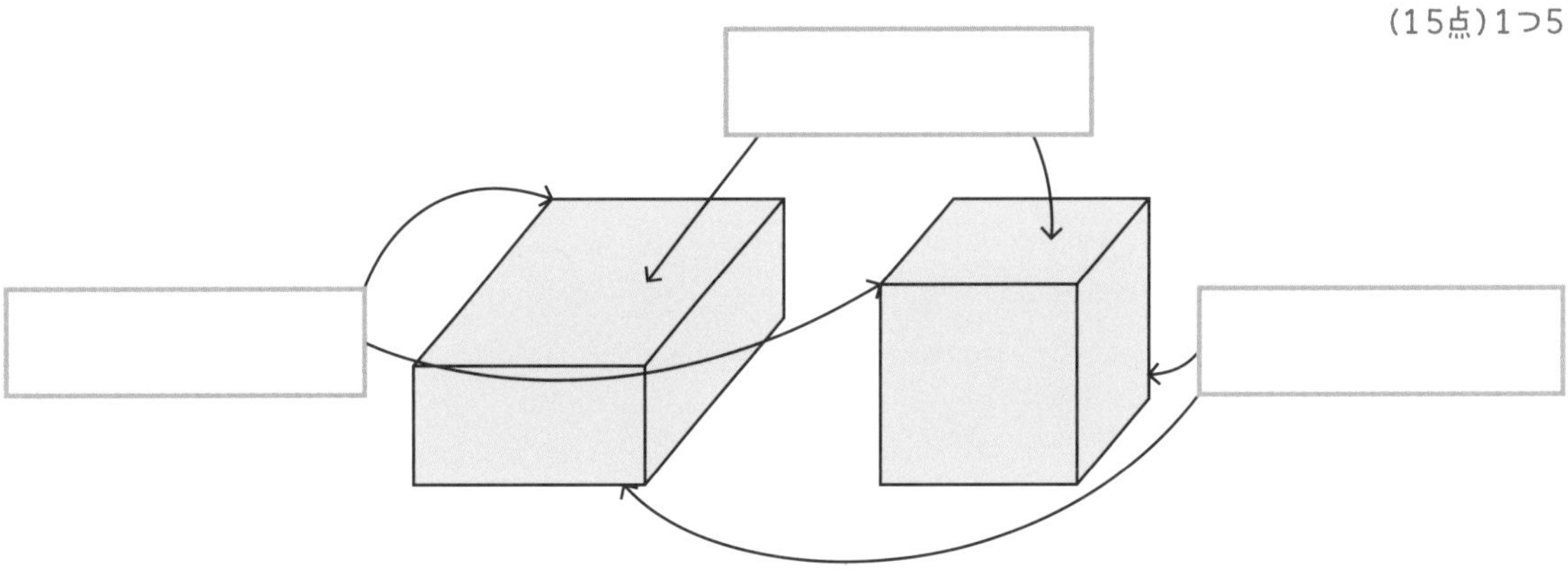

たいせつ **2** [はこを ひらいた 形] 右の 図《ず》は はこを 切《き》りひらいた ものです。

(30点)1つ10

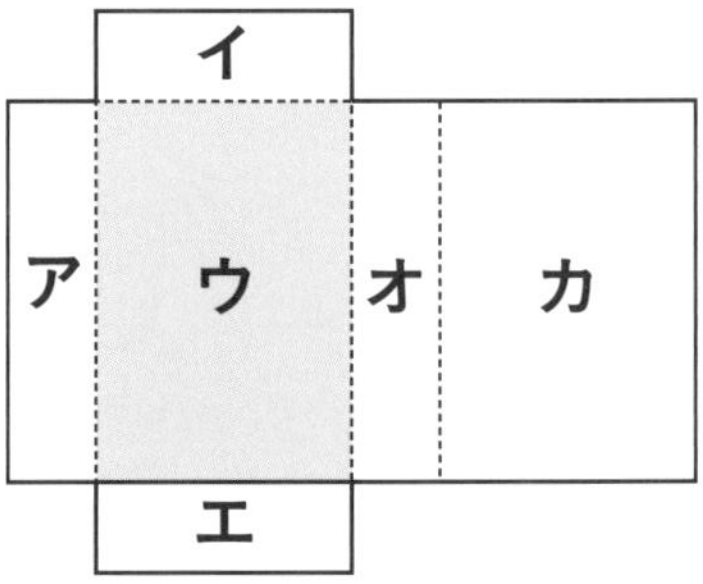

(1) **ア**の 面《めん》と むかいあう 面は どれでしょう。

(2) **ウ**の 面と むかいあう 面は どれでしょう。

(3) 下の どの はこを 切りひらいたでしょう。記《き》ごうで 答《こた》えましょう。

キ　**ク**　**ケ**

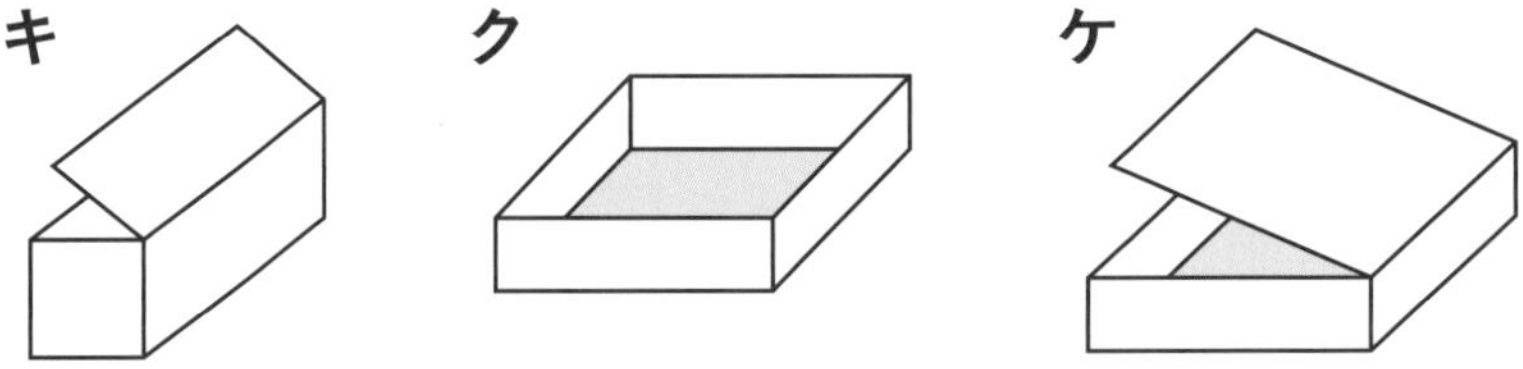

ふくしゅうのポイント！

- 箱の形には，面が６つ，辺が 12，頂点が８つあります。
- 箱の面の形は，長方形か正方形で，向かい合う２つの面は，同じ形をしています。

たいせつ

3 [へん，ちょう点《てん》] **ひごと　ねん土玉を　つかって，はこの　形《かたち》を　つくりました。**(40点)1つ10

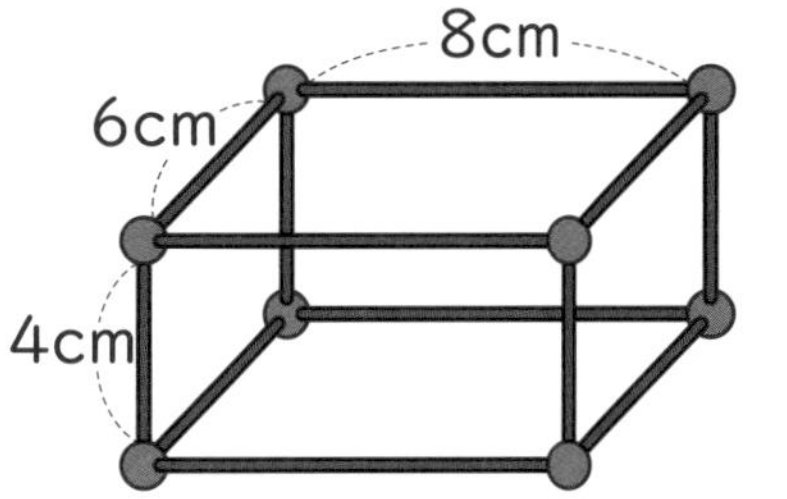

(1) 4cm の　ひごは　何本《なんぼん》　いりますか。

(2) 6cm の　ひごは　何本　いりますか。

(3) 8cm の　ひごは　何本　いりますか。

(4) ねん土玉は　いくつ　いりますか。

4 [さいころの　形] **右の　はこは，さいころの　形を　して　います。面《めん》は　どんな　形を　して　いるでしょう。**(15点)

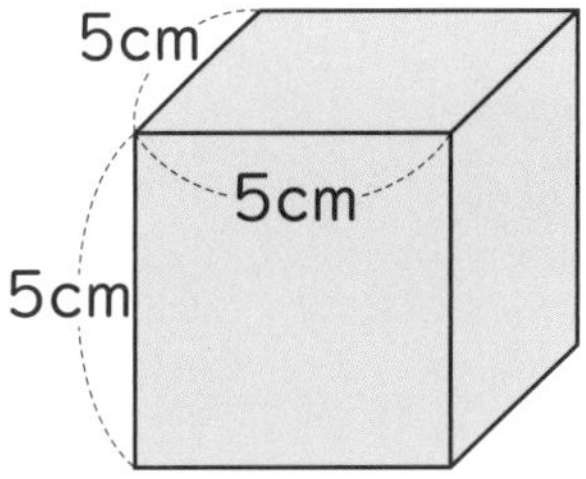

18 どんな 計算《けいさん》に なるのかな

月　日

シール

〈時間〉25分　〈合かく〉80点　〈とく点〉　／100

答え→べっさつ7ページ

たいせつ **1** [はじめは　いくつ] いちごを　6こ　食《た》べたので，のこりは　11こに　なりました。はじめは　何《なん》こ　あったでしょう。

(しき)　(12点)しき6，答え6

(答《こた》え)

2 [はじめは　いくつ] えんぴつを　3本　もらったので，28本に　なりました。はじめは　何本　あったでしょう。(12点)しき6，答え6

(しき)

(答え)

3 [へったのは　いくつ] 53ページの　本が　あります。何ページか　読《よ》んだので，のこりが　30ページに　なりました。何ページ　読んだでしょう。(12点)しき6，答え6

(しき)

(答え)

4 [ふえたのは　いくつ] バスに　27人　のって　いました。あとから　何人か　のって　きたので，ぜんぶで　33人に　なりました。何人　のって　きたでしょう。(12点)しき6，答え6

(しき)

(答え)

ふくしゅうのポイント!

はじめの数や，増えたり減ったりした数を求めるときは，数量の関係を図にかいて考えるとわかりやすくなります。求めた答えは，問題にあてはめて，正しいかどうか確かめます。

たいせつ **5** [ちがいを　見て] ちかさんの　テストの　点数《てんすう》は　92 点でした。ちかさんは，ゆきさんより　4 点　高《たか》かったそうです。ゆきさんは　何点《なんてん》だったでしょう。(12点)しき6，答え6

(しき)

(答《こた》え)

6 [ちがいを　見て] さくらさんの　せの　高さは　1m26cm です。さくらさんは　お姉《ねえ》さんより　15cm　ひくいそうです。お姉さんの　せの　高さは　どれだけでしょう。(12点)しき6，答え6

(しき)

(答え)

7 [のこりは　いくつ] りなさんは，1 まい　7 円の　色紙《いろがみ》を　9 まい　買《か》います。100 円　出すと，おつりは　いくらに　なるでしょう。(14点)しき7，答え7

(しき)

(答え)

8 [あわせると　いくつ] かけるさんは，1 こ　8 円の　あめを　6 こと，97 円の　チョコレートを　買います。ぜんぶで　何円に　なるでしょう。(14点)しき7，答え7

(しき)

(答え)

19 しあげテスト

月　日

シール

〈時間〉30分

〈合かく〉80点

〈とく点〉　　/100

答え→べっさつ7ページ

1 [ひっ算《さん》] つぎの　ひっ算を　しましょう。(24点)1つ2

(1) $\begin{array}{r} 25 \\ +14 \\ \hline \end{array}$　(2) $\begin{array}{r} 17 \\ +38 \\ \hline \end{array}$　(3) $\begin{array}{r} 5 \\ +75 \\ \hline \end{array}$　(4) $\begin{array}{r} 26 \\ +94 \\ \hline \end{array}$

(5) $\begin{array}{r} 43 \\ +59 \\ \hline \end{array}$　(6) $\begin{array}{r} 208 \\ +\quad 6 \\ \hline \end{array}$　(7) $\begin{array}{r} 35 \\ -22 \\ \hline \end{array}$　(8) $\begin{array}{r} 53 \\ -37 \\ \hline \end{array}$

(9) $\begin{array}{r} 71 \\ -\quad 9 \\ \hline \end{array}$　(10) $\begin{array}{r} 123 \\ -\quad 68 \\ \hline \end{array}$　(11) $\begin{array}{r} 102 \\ -\quad 26 \\ \hline \end{array}$　(12) $\begin{array}{r} 384 \\ -\quad 75 \\ \hline \end{array}$

2 [もんだい] あめを　9こ　食《た》べたので，のこりは　12こに なりました。はじめは　何《なん》こ　あったでしょう。(6点)しき3，答え3

(しき)

(答《こた》え)

3 [九九《くく》] つぎの　かけ算《ざん》を　しましょう。(12点)1つ2

(1) 5×2　(2) 6×3　(3) 8×1

(4) 3×7　(5) 4×5　(6) 7×9

4 [数《かず》の　しくみ] **つぎの　数を　数字《すうじ》で　書《か》きましょう。**（8点）1つ2

⑴ 100を　4こ，10を　5こ，1を　3こ　あわせた　数

（　　　　）

⑵ 1000を　9こ，100を　2こ，1を　5こ　あわせた　数

（　　　　）

⑶ 10を　36こ　あつめた　数　（　　　　）

⑷ 1000を　8こ　あつめた　数　（　　　　）

5 [時《じ》こくと　時間《じかん》] **つぎの　時こくや　時間を　書きましょう。**

（6点）1つ3

⑴ 右の　とけいの　時こくから
20分後《ぷんあと》の　時こく

□

⑵ 8時10分から　8時43分までの　時間

□

6 [長《なが》さの　たんい] □ **に　あてはまる　数を　書きましょう。**

（16点）1つ4

⑴ 8cm＝□mm　⑵ 4cm5mm＝□mm

⑶ 2m8cm＝□cm　⑷ 623cm＝□m□cm

7 [かさの　たんい] □に　あてはまる　数《かず》を　書《か》きましょう。

(16点)1つ4

(1) 9L＝□dL　(2) 17dL＝□L□dL

(3) 5L＝□mL　(4) 4000mL＝□L

8 [三角形《さんかくけい》と　四角形《しかくけい》] 下の　形《かたち》の　中から，三角形と　四角形を　見つけて，記《き》ごうで　答《こた》えましょう。(6点)1つ3

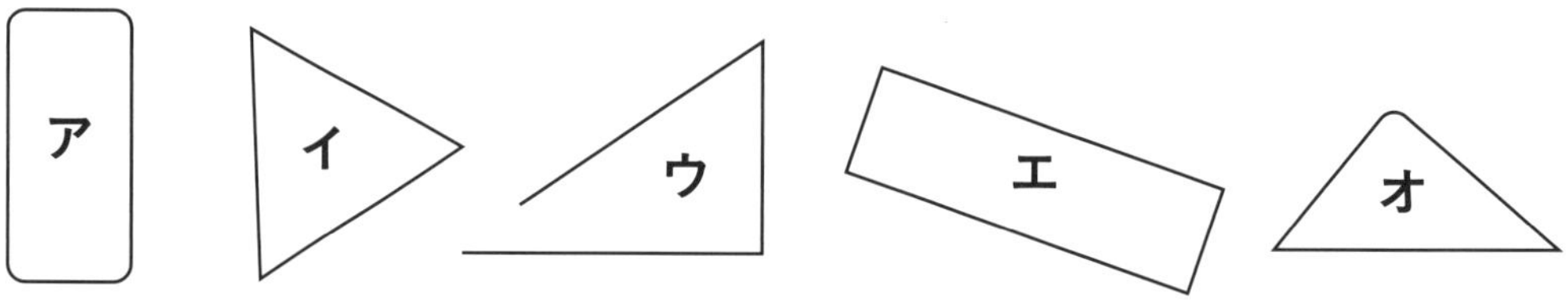

三角形 □　四角形 □

9 [はこの　形] 右のような　はこが　あります。(6点)1つ3

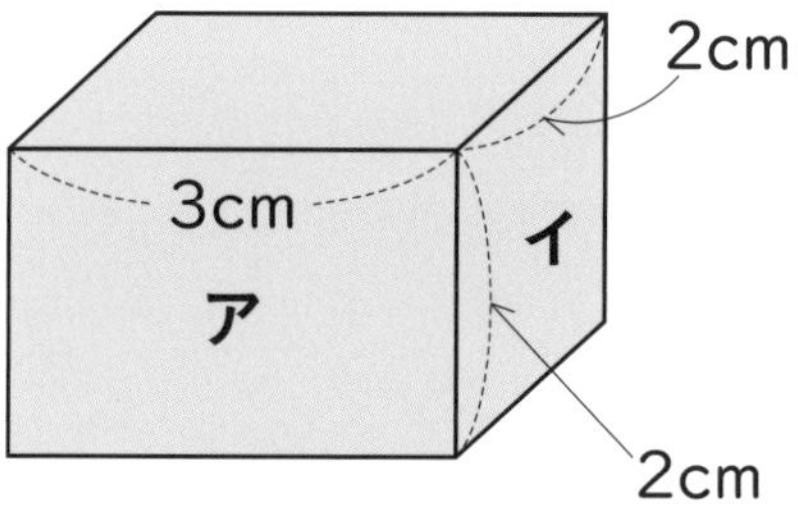

(1) アの　面《めん》は，何《なん》と　いう　四角形に　なりますか。

□

(2) イの　面は，何と　いう　四角形に　なりますか。

□

生活

はじめに

春《はる》や　秋《あき》には　まちたんけんを　して　みましょう。どんなしょくぶつや　生《い》きものが　見られるかな。野《や》さいや　生きものも　そだてて　みましょう。どんな　ふうに　せい長《ちょう》して　いくか　よく　かんさつして　みてね。

1 春《はる》の　まちたんけん

月　日

シール

〈時間〉20分

〈合かく〉80点

〈とく点〉 /100

答え→べっさつ8ページ

たいせつ **1** **［まちたんけん］まちたんけんでは　どんな　ことに　気を　つけますか。（　）に　あてはまる　ことばを　下の　□　から　えらび，書《か》きましょう。**（40点）1つ10

(1) 道《どう》ろを　わたる　ときは，（　　　　）を　わたる。

(2) （　　　　）の　けいほうきが　なったら，線《せん》ろに　入らない。

(3) （　　　　）を　かならず　もって　行《い》くように　する。

(4) こまった　ときは，（　　　　）などで　たずねる。

ふみきり	おうだん歩道《ほどう》	黒《こく》ばん
ぼうはんブザー	ゆうびんポスト	交番《こうばん》

ふくしゅうのポイント！

- 約束を守って，町の中を探検しましょう。
- 家の周辺でもいろいろな春を見つけることができます。

2 [春《はる》の　ようす] **春の　ようすが　かかれた　絵《え》を　見て，花や　生《い》きものの　名まえを　書《か》きましょう。** (60点) 1つ15

(1) (　　　　　　　　)　(2) (　　　　　　　　)

(3) (　　　　　　　　)　(4) (　　　　　　　　)

2 生《い》きものを　そだてよう

月　　日

シール

〈時間〉20分

〈合かく〉80点

〈とく点〉　　/100

答え→べっさつ8ページ

たいせつ **1** [野《や》さいの　せわを　しよう] **ミニトマトの　せわの　しかたとして　正しい　ものには　○を，正しくない　ものには　×を　つけましょう。**(40点) 1つ10

(1) よこに　ひっぱる。(　　)

(2) ぼうを　立てる。(　　)

(3) ひりょうを　やる。(　　)

(4) はを　ぜんぶ　とる。(　　)

たいせつ **2** [生《い》きものを　そだてよう] **アゲハの　たまごは　どの　じゅん番《ばん》で　せい虫《ちゅう》に　なりますか。(　)に　1，2，3，4の　番ごうを　書《か》きましょう。**(20点) 1つ5

(1) (　　)

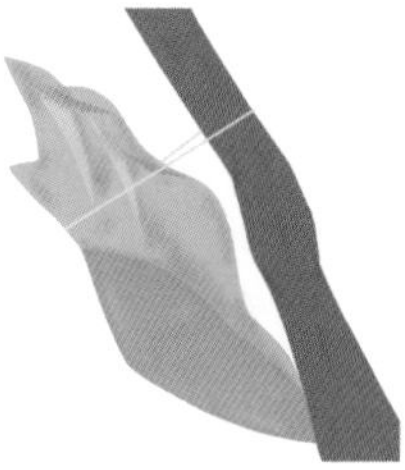

(2) (　　)

(3) (　　)

(4) (　　)

ふくしゅうのポイント！

- 野菜が大きくなる過程を観察しながら，世話をしていきましょう。
- 生き物のようすを注意深く観察しましょう。

3 ［生《い》きものを　さがそう］**水の　中に　すむ　生きものには　○を，水の　外《そと》に　すむ　生きものには　×を　つけましょう。**

（40点）1つ5

(1) おたまじゃくし（　　）

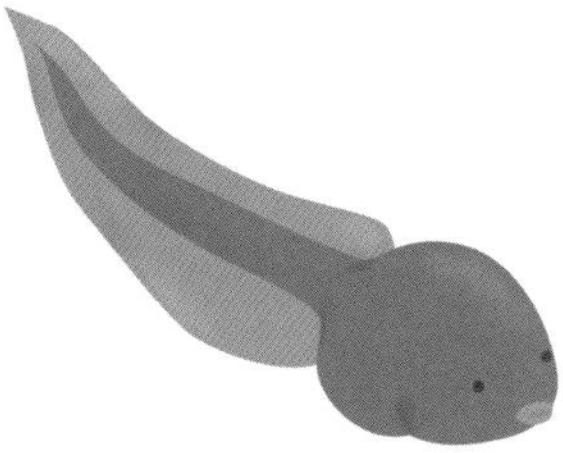

(2) テントウムシ（　　）

(3) カタツムリ（　　）

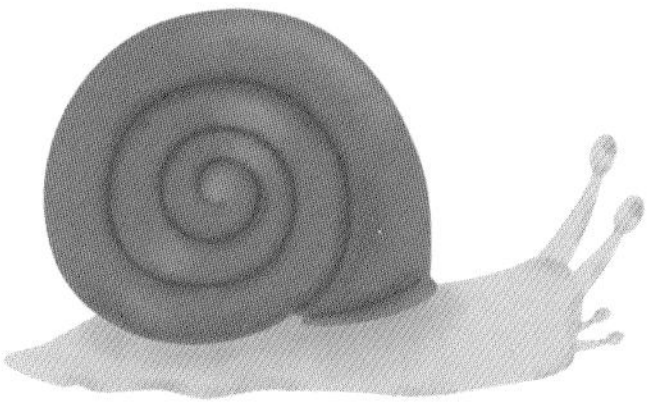

(4) メダカ（　　）

(5) ザリガニ（　　）

(6) ダンゴムシ（　　）

(7) バッタ（　　）

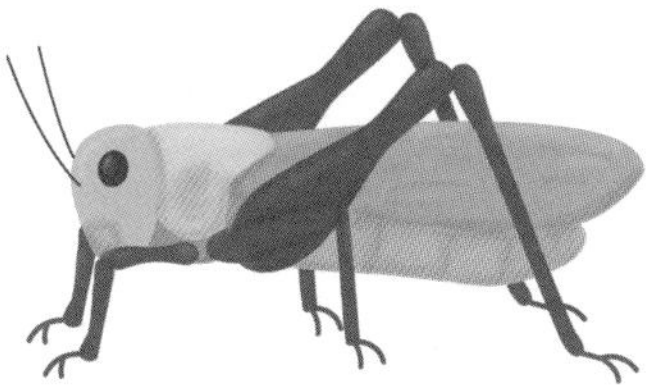

(8) ゲンゴロウ（　　）

3 夏《なつ》が　来《き》たよ

月　　日

シール

〈時間〉 20分

〈合かく〉 80点

〈とく点〉 /100

答え→べっさつ9ページ

たいせつ **1** [野《や》さいを　しゅうかくしよう] **ミニトマトの　しゅうかくの　しかたとして　正しい　ものには　○を，正しくない　ものには　×を　つけましょう。** (48点) 1つ12

⑴ みが　青い　うちに　とる。　(　　　)

⑵ みが　赤く　なってから　とる。　(　　　)

⑶ みを　１つずつ　とる。　(　　　)

⑷ しぜんに　みが　おちるのを　まつ。　(　　　)

ミニトマトは，花が　さいた　あとに
みが　できるよ。野さいを　そだてる　ときには，
かんさつ記《き》ろくを　つけよう。

ふくしゅうのポイント！

- 育ててきた野菜を収穫しましょう。
- 身の回りにあるものを利用して，おもちゃを作ってみましょう。

2 ［おもちゃを　作《つく》ろう］**みの　回《まわ》りに　ある　ざいりょうで　作った　つぎの　おもちゃに　ついての　せつ明《めい》を　下の　ア～エから　えらび，記《き》ごうで　答《こた》えましょう。**（52点）1つ13

⑴ つりぼり（　　　）

⑵ 糸電話《いとでんわ》（　　　）

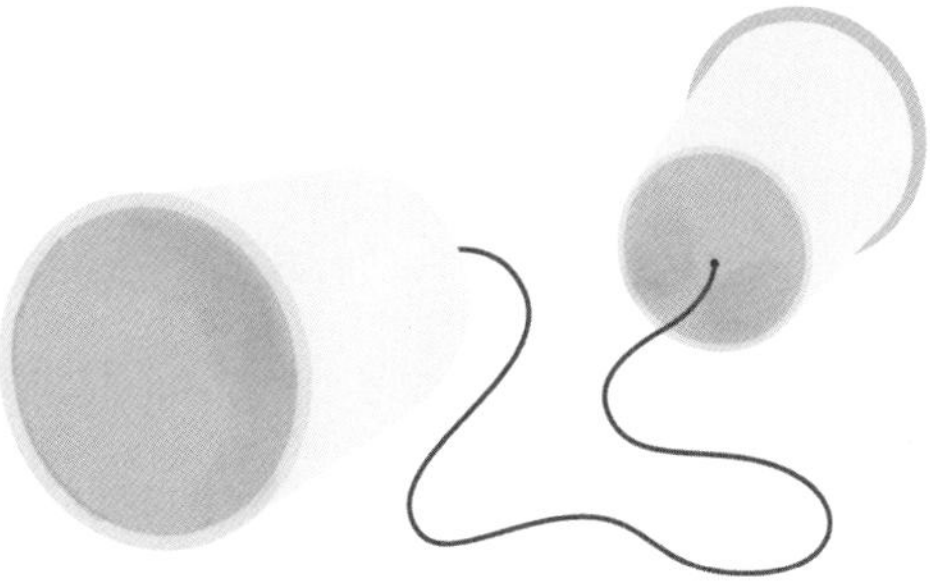

⑶ 風車《かざぐるま》（　　　）

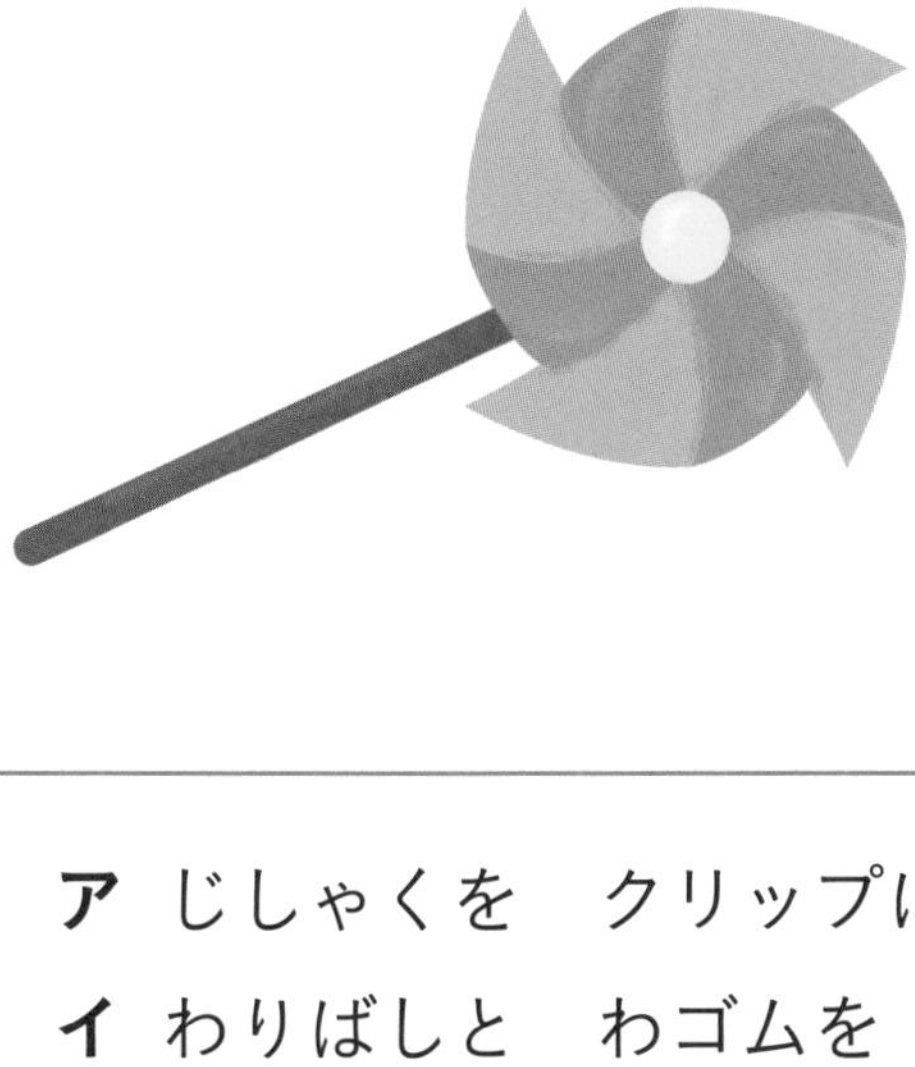

⑷ ゴムでっぽう（　　　）

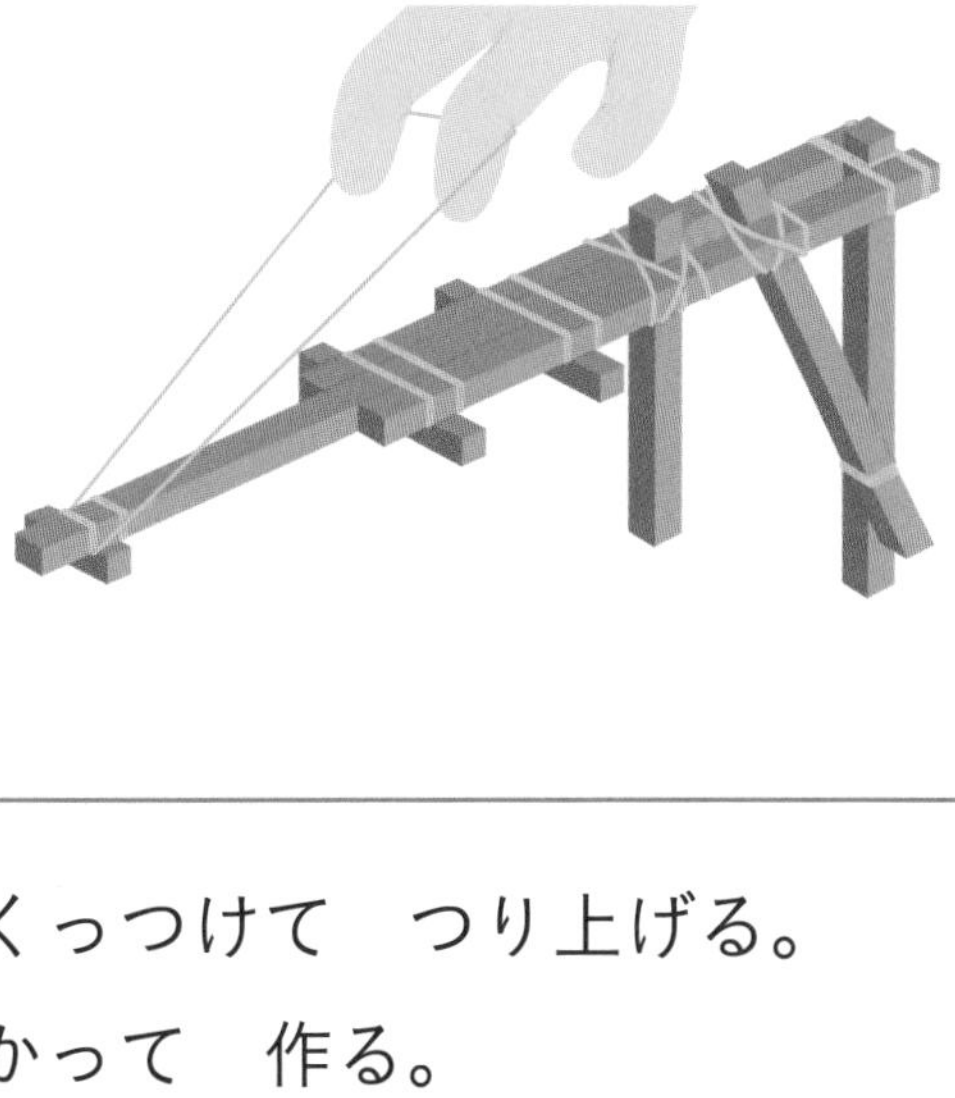

ア じしゃくを　クリップに　くっつけて　つり上げる。
イ わりばしと　わゴムを　つかって　作る。
ウ 紙《かみ》コップの　そこに　あなを　あけ，糸を　通《とお》して　作る。
エ 風《かぜ》の　力を　つかって　あそぶ。

4 秋《あき》の　まちたんけん

月　　日

シール

〈時間〉20分

〈合かく〉80点

〈とく点〉　／100

答え→べっさつ9ページ

たいせつ **1** ［バスに　のろう］**バスに　のって　出かけます。⑴〜⑷に　合う　文を　下の　ア〜エから　えらび，記《き》ごうで　答《こた》えましょう。**（36点）1つ9

⑴（　　　）

⑵（　　　）

⑶（　　　）

⑷（　　　）

ア おりる　ときは，ボタンを　おす。
イ うんちんばこに　りょう金を　入れる。
ウ じゅんじょよく　バスに　のる。
エ バスの　中では，人に　めいわくを　かけないように　しずかに　する。

ふくしゅうのポイント!

- 乗り物に乗るときは，きまりを守ることが大切です。
- 秋にも町探検をして，春や夏とはどんなところが違うか，考えてみましょう。

2 [秋《あき》の　まちたんけん] **秋に　見られる　ものや　できる　ことには　○を，見られない　ものや　できない　ことには　×を　つけましょう。**（64点）1つ8

(1) くりひろい（　　　）

(2) シロツメクサ（　　　）

(3) いもほり（　　　）

(4) ススキ（　　　）

(5) コオロギ（　　　）

(6) ぎんなん（　　　）

(7) おたまじゃくし（　　　）

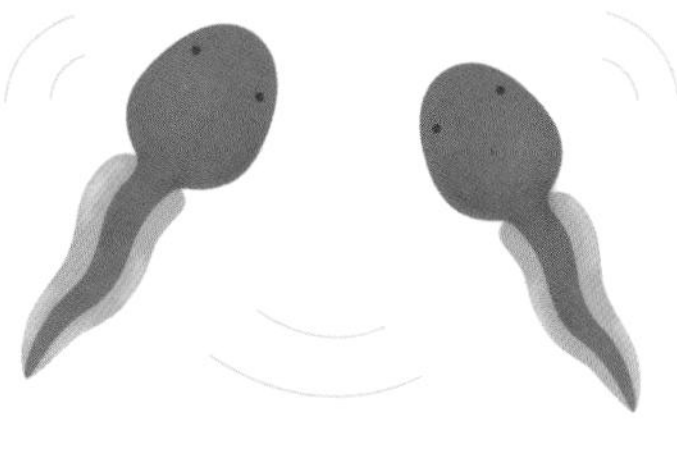

(8) つくし（　　　）

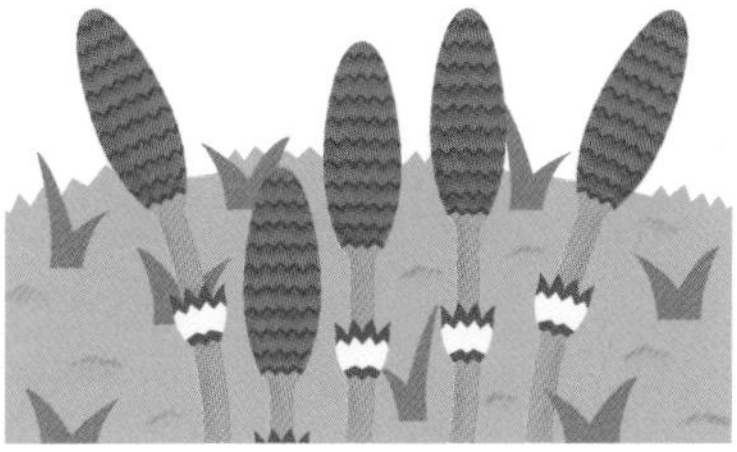

5 冬《ふゆ》が　来《き》たよ

月　　日

シール

〈時間〉20分

〈合かく〉80点

〈とく点〉　／100

答え→べっさつ9ページ

たいせつ **1** [冬《ふゆ》の　野《や》さい] **冬に　しゅうかくできる　野さいには　○を，ほかの　きせつに　しゅうかくできる　野さいには　×を　つけましょう。**(60点) 1つ10

(1) ハクサイ (　　　)

(2) トウモロコシ (　　　)

(3) ナス (　　　)

(4) ホウレンソウ (　　　)

(5) ダイコン (　　　)

(6) キュウリ (　　　)

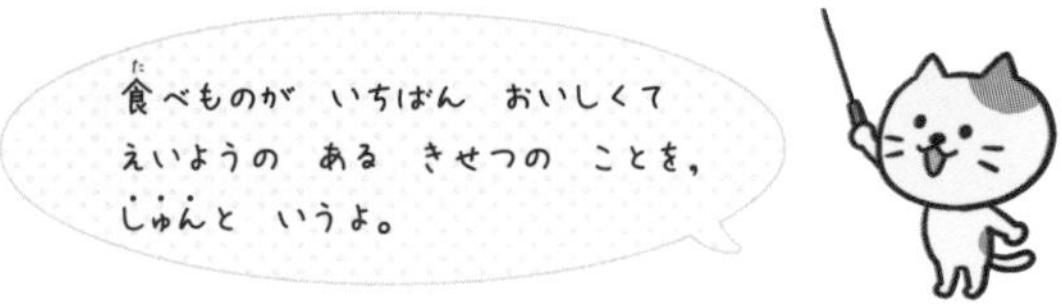

ふくしゅうのポイント!

- 冬においしく食べられるものは，ほかにどのようなものがあるか，調べてみましょう。
- 冬には，いろいろな行事があります。

2 ［冬《ふゆ》が　来《き》たよ］ **つぎの　冬の　行《ぎょう》じや　あそびは，なんと　よばれて　いますか。下の　ア～カから　えらび，記《き》ごうで　答《こた》えましょう。** (40点) 1つ10

(1)（　　　　）

(2)（　　　　）

(3)（　　　　）

(4)（　　　　）

ア かまくら	**イ** なまはげ	**ウ** はつもうで
エ かるた	**オ** もちつき	**カ** たこあげ

6 もうすぐ　3年生

月　日

シール

〈時間〉20分

〈合かく〉80点

〈とく点〉

/100

答え→べっさつ9ページ

1 [わたしの　ものがたり] **かおりさんが　生まれてからの　ことを　絵《え》と　文に　しました。合《あ》う　ものを　線《せん》で　むすびましょう。**(52点) 1つ13

(1)

(2)

(3)

(4)

ア 小学校に　入学《にゅうがく》したときは，ドキドキしました。

イ ようちえんに　入った　ころ，さびしくて　よく　ないていたそうです。

ウ 2年生の　うんどう会《かい》では，さい後《ご》まで　がんばって　走《はし》りました。

エ 1さいを　すぎた　ころから　歩《ある》きはじめたそうです。

ふくしゅうのポイント!

- 小さいころのことを家族に聞いて調べてみましょう。
- 学年の終わりには，１年をふり返る機会をもちましょう。
- ３年生になるにあたって，目標をもちましょう。

2 ［１年を　ふりかえろう］ **この　1年間《ねんかん》で　いちばん　楽《たの》しかった　ことを　書《か》きましょう。**（16点）

3 ［１年を　ふりかえろう］ **この　1年間で　できるように　なった　ことを　書きましょう。**（16点）

4 ［もうすぐ　３年生］ **３年生に　なったら　がんばりたい　ことを　書きましょう。**（16点）

7 しあげテスト

月　日

シール

〈時間〉15分

〈合かく〉80点

〈とく点〉　　/100

答え→べっさつ10ページ

1 [まちたんけん] **まちたんけんの　やくそくを　まもって　いる　友《とも》だちには　○を，まもって　いない　友だちには　×を　つけましょう。**(52点) 1つ13

(1)(　　　)

(2)(　　　)

(3)(　　　)

(4)(　　　)

2 [冬《ふゆ》が　来《き》たよ] **つぎの　絵《え》は，冬を　こす　生《い》きものの　ようすです。生きものの　名まえを　下の　□から　えらび，書《か》きましょう。**(48点) 1つ16

(1)(　　　　　)

(2)(　　　　　)

(3)(　　　　　)

カエル　　ミノムシ　　テントウムシ　　カマキリ

5 **つぎの 文しょうを 読《よ》んで、あとの といに 答《こた》えましょう。**（36点）一つ12

みなさんは、朝《あさ》 おきて、まず 何《なに》を しますか。あくび、せのび、トイレに 行《い》く、顔《かお》を あらう、どれも だいじな ことですね。□、あいさつは どうでしょう。

朝、かぞくと 顔を あわせた とき、学校《がっこう》で 先生《せんせい》や 友《とも》だちに 会《あ》ったとき、「おはようございます」と 言《い》って いますか。朝の あいさつは、とても だいじなのです。なぜなら、わたしは 今日《きょう》も 元気《げんき》だよ、と つたえる ことが できるからです。

はきはき 元気の よい あいさつの 声《こえ》を きくと、うれしい 気《き》もちに なりますよね。あいさつは、みんなが 気もちよく なる まほうの ことばなのです。

---

(1) 【つなぐ ことば】□に 入る ことばを つぎから えらび、記《き》ごうで 答えましょう。 （　　）

ア では　**イ** だから

ウ つまり　**エ** たとえば

(2) 【理《り》ゆうの 理《り》かい】「おはようございます」と 言う ことが だいじなのは なぜですか。

（　　　　　　　　）

(3) 【内《ない》ようの 理かい】あいさつは、どの ような ことばですか。

（　　　　　　　　）

3 【まちがえやすい かなづかい】つぎの 二つの書き方のうち、正しい ほうに ○をつけましょう。(20点)一つ2

(1) ア おうえん イ おおえん

(2) ア いもうと イ いもおと

(3) ア ずかん イ づかん

(4) ア うなずく イ うなづく

(5) ア つずみ イ つづみ

(6) ア 一つずつ イ 一つづつ

(7) ア こうつう イ こおつう

(8) ア とうく イ とおく

(9) ア ちじん イ ちぢん

(10) ア こじんまり イ こぢんまり

4 【はんたいの ことば】つぎの ことばと はんたいの ことばを 下から えらんで、——線で むすびましょう。(16点)一つ2

(1) 明《あか》るい・	・少《すく》ない
(2) おきる・	・みじかい
(3) はく・	・答《こた》え
(4) 多《おお》い・	・くらい
(5) 長《なが》い・	・ひろう
(6) すてる・	・下り
(7) とい・	・ねる
(8) 上り・	・ぬぐ

19 しあげテスト

月　日

〈時間〉30分　〈合かく〉80点　〈とく点〉　/100

シール

答え↓べっさつ16ページ

1 【かん字の 書《か》き方《かた》】つぎの □に 入る かん字を 書きましょう。（16点《てん》）一つ2

(1) □《ほ》□《どう》を あるく。

(2) □《でん》□《ち》で うごく おもちゃ。

(3) □《や》□《ちょう》を かんさつする。

(4) □《ばい》□《てん》で お□《ちゃ》を □《か》う。

(5) □《うお》□《いち》□《ば》へ □《い》く。

2 【二つ い上の 読《よ》み】つぎの 文の ―― 線《せん》の ことばを、かん字と ひらがなで 書きましょう。（12点）一つ2

(1) ただちに かけつける。（　　）

(2) まちがいを なおす。（　　）

(3) 線が まじわる。（　　）

(4) カードを まぜる。（　　）

(5) ほそい あなに 糸を とおす。（　　）

(6) こまかい ことは 気に しない。（　　）

と　聞《き》くと、お母さんは、
「『お姉《ねえ》ちゃん、ありがとう。』って　よろこんで　いるわよ。」
と　ほほえんで、うまれたばかりの　赤ちゃんを　見ました。
「お姉ちゃん」と　いわれて　うれしくなって、わたしは　赤ちゃんの　手をにぎりました。ちっちゃくて　かわいい手でした。
「よろしくね。赤ちゃん。」
赤と　黄《き》色《いろ》の　チューリップが　楽《たの》しそうに　ゆれました。

〈作文メモ〉

はじめ	中	おわり
・にわの（　　）を　切りました。	・（　　）に　おみまいに　行きました。 ・お母さんは、とても（　　）くれました。 ・（　　）と　いわれて、わたしは（　　）なりました。	・赤ちゃんの（　　）を　にぎって　あく手を　しました。 ・チューリップが（　　）に　ゆれました。

18 みの まわりの ことを 書《か》く

シール

ふくしゅうのポイント!
- 様子を表す言葉を使い、詳しく書きます。
- 自分の考えを、わかりやすく表現します。
- 作文メモを作れるようにします。

〈時間〉25分
〈合かく〉80点
〈とく点〉 /100
月 日

1 **[文の つづきを 作《つく》る] つぎの 絵《え》を 見て、文の つづきを 書《か》きましょう。** (30点《てん》)一つ10

日曜日《にちようび》は 雨が ふって いたけれど、

。

それで、

。

だから

。

たいせつ

2 **[作文《さくぶん》メモ] つぎの 文しょうは、あとの 作文メモを もとに 書きました。メモの （ ）に 入る ことばを 書きましょう。** (70点)一つ10

答え→べっさつ16ページ

家《いえ》の にわで だいじに そだてて いた チューリップを 十本 切《き》りました。大きくて きれいな 花を えらびました。

その 花たばを もって びょういんへ 行《い》きました。びょう室《しつ》の お母《かあ》さんは、とても よろこんで くれました。わたしが、「赤ちゃんも よろこんで いるのかなあ。」

(2) 【場《ば》めん】バッタは　どこに　いますか。つぎから　えらび、記ごうで　答えましょう。（15点）

（　　　）

ア 草むら

イ 町の 中

ウ 虫かご

(3) 【内《ない》ようの 理《り》かい】――線《せん》の ことばは、どう いう ことを いって いますか。（20点）

（　　　）が、はっぱと 同《おな》じ（　　　）色《いろ》なので、だれも 気づかないと いう こと。

2 **つぎの しを 読んで、あとの といに 答えましょう。**

ゆめみる いなご

いなご わたる

ぼくは いつも ゆめみる いなご
たびに でたいと ゆめみる いなご
みつめろ ちへいせん
みあげろ あおい そら
ぼくは いつか きっと
ひこうきに なるぞ

ぼくはいつも ゆめみるいなご
たびにでたいと ゆめみるいなご
ふんばれ ６ぽんのあし
ひろげろ ４まいのはね
ぼくは いつか きっと
くもに とびのるぞ

（くどう なおこ「のはらうたⅠ」）

(1) 【気もち】いなごの ゆめを 三つ 書《か》きましょう。（45点）一つ15

（　　　）

（　　　）

（　　　）

17 しを 読《よ》む

シール

ふくしゅうのポイント！
- 詩のリズムに親しみます。
- 詩の言葉から、場面を想像します。
- 詩から受ける印象を、読み方で表現します。

答え↓べっさつ16ページ

〈時間〉20分　〈合かく〉80点　〈とく点〉　/100

月　日

1 **つぎの　しを　読《よ》んで、あとの　といに　答《こた》えましょう。**

バッタ
草の色《いろ》から
ピョンと　とびだす　バッタ

じっと　してれば
はっぱと　おんなじ　バッタ

ピョンと　とばなきゃ
見つからないのに　バッタ

バッタ
草の色から
ピョンと　とびだす　バッタ

じっと　してたら
はっぱに　なっちゃう　バッタ

バッタだからね
ピョンと　とびたい　バッタ

（おうち　やすゆき）

(1)【だい名】この　しの　だいを　つぎから　えらび、記《き》ごうで　答えましょう。（20点《てん》）

ア　バッタの　うた
イ　草の　色
ウ　はっぱの　色

（　　）

ミかんと　てつで　できた　スチールかんが　あります。すてられた　あとに　空きかんは　アルミかんと　スチールかんにわけられます。

それぞれに　わけられた　空きかんは　さい生工場《こうじょう》に　はこばれます。□、一〇〇〇こほどずつ　まとめて　きかいで　おしつぶされます。その　あと、それぞれ　高《こう》おんで　とかされて　ふたたび　アルミや　てつとして　つかう　ことが　できるように　なります。

このように　ごみを　さい生して　もう一ど　り用《よう》する　ことを　リサイクルといいます。

(1)【内ようの　理かい】何の　ことを　書いた　文しょうですか。

空きかんの（　　　　）

(2)【つなぐ　ことば】□に　入る　ことばを　つぎから　えらび、記ごうで　答えましょう。

（　　）

ア　そして　**イ**　あるいは

ウ　だから　**エ**　けれども

(3)【内ようの　理かい】ごみと　なった　空きかんが　どう　なるか、じゅんに　番《ばん》ごうを　書きましょう。

（　）一〇〇〇こほどずつ　まとめて　きかいで　おしつぶされる。

（　）さい生工場に　はこばれる。

（　）高おんで　とかされる。

（　）アルミかんと　スチールかんに　わけられる。

16 せつ明文《めいぶん》を 読《よ》む ②

シール

ふくしゅうのポイント！
- 話題や問題に注意して読みます。
- 説明の手順に注意して読みます。
- 事実とその理由を正しく理解します。

月　日
〈時間〉25分　〈合かく〉80点　〈とく点〉　/100

答え↓べっさつ15ページ

1 つぎの 文しょうを 読《よ》んで、あとの といに 答《こた》えましょう。（40点《てん》）一つ20

しょくぶつは うごかないと 思《おも》って いる 人も いるかも しれません。本当《ほんとう》に しょくぶつは うごかないのでしょうか。じつは、ひまわりは 太《たい》ようを おいかけて つぼみや 花の むきを かえる ことが できるのです。ひまわりは、「日回《ひまわ》り」と 書《か》く ことも あります。太ようの うごきを おって 回る ことから そう 書かれました。

(1) 【内《ない》ようの 理《り》かい】どのような もんだいに ついて 書いた 文しょうですか。

（　　　　）と いう もんだい。

たいせつ

(2) 【理ゆうの 理かい】「日回り」と 書く ことが あるのは なぜですか。

（　　　　）

2 つぎの 文しょうを 読んで、あとの といに 答えましょう。（60点）一つ20

みなさんは、ジュースなどの 空きかんが ごみと して すてられた あと どう なるのか 知《し》って いますか。

空きかんには アルミで できた アル

（　　　　　　　　）ため。

(3) 【内《ない》ようの 理かい】セミは どのような 虫だと いえますか。（20点）

（　　　　　　　　）

2 **つぎの 文しょうを 読んで、あとの といに 答えましょう。**

カバは、むれを つくって ぬまに すんで いて、夜《よる》に なると、遠《とお》くまで 草を さがしに 出かけます。①そのとき、通《とお》る 道《みち》に うんちを して いきます。②これは、まいごに ならないように しるしを つけて いるのです。うんちの においは 遠くまで とどくので、もどる ときは 道しるべの はたらきを するのです。

（たけたづ みのる「うんちと おしっこの ひみつ」）

(1) 【さす ことば】——線《せん》①は どんな ときですか。（20点）

（　　　　　　　　）

(2) 【さす ことば】——線②は 何《なに》を さして いますか。（20点）

（　　　　　　　　）

(3) 【内《ない》ようの 理かい】この 文しょうは 何に ついて 書《か》かれた ものですか。（10点）

（カバの うんちの　　　　　　　　）。

国語

15 せつ明文《めいぶん》を 読《よ》む ①

シール

ふくしゅうのポイント！
・指示語や接続語に注意して読みます。
・説明されている内容を正しく理解します。
・一つ一つのことがらをきちんと読みます。

月　日

〈時間〉25分　〈合かく〉80点　〈とく点〉　/100

答え↓べっさつ15ページ

1 **つぎの 文しょうを 読《よ》んで、あとの といに 答《こた》えましょう。**

夏《なつ》に なると、セミが あちこちで いっせいに 鳴《な》きはじめます。じつは、鳴いて いるのは すべて おすの セミで、めすを よびよせる ために 鳴いて いるのです。

そして おすと めすが 出会《であ》い、たまごを うむと、一～四週間《しゅうかん》で しんで しまいます。セミは、せい虫に なる ために 地上《ちじょう》に 出てきてから、一か月も 生きられないのです。

一方《いっぽう》、よう虫の うちは、ずっと 長《なが》く 土の 中で すごして います。[　]、アブラゼミは 六年くらい 地中で すごして います。

セミは、一生の ほとんどを 地中で すごす 虫だと いえます。

(1) 【つなぐ ことば】[　]に 入る ことばを つぎから えらび、記ごうで 答えましょう。（10点）

（　　　）

ア でも　**イ** だから
ウ つまり　**エ** たとえば

たいせつ

(2) 【理《り》ゆうの 理かい】セミが なくのは なぜですか。（20点）

（　　　　　　）の セミが

(2)【理《り》ゆうの　せつ明《めい》】ひろしが　どろだらけで　かえって　きたのは　なぜですか。

(　　　　　　　　　　)

2 **つぎの　文しょうを　読んで、あとの　といに　答えましょう。**（50点）一つ25

まり子ちゃんが、いくら　いっしょうけんめい　ままごとを　しても、おにんぎょうさんは　へんじを　して　くれません。つまらないので　まり子ちゃんは、おにんぎょうさんが　口を　きいた　ふりを　して、大きな　こえで、

「まり子ちゃん！」と、どなって　みました。

それから、

「なあに！」

と　じぶんで、へんじを　しました。

「あそびましょ！」

こう、大きな　こえで　いいながら、まり子ちゃんは、とても　うれしい　きが　しました。


（いしい　ももこ「まり子ちゃんと　おともだち」）

(1)【理ゆうの　せつ明】まり子ちゃんが　つまらなかったのは　なぜですか。

(　　　　　　　　　　)

(2)【理ゆうの　せつ明】まり子ちゃんが　うれしい　きが　したのは　なぜですか。

(　　　　　　　　　　)

14 ものがたりを 読《よ》む ②

シール

ふくしゅうのポイント！
- 出来事をとらえます。
- 登場人物の発言や行動に着目します。
- 登場人物の気持ちの理由をとらえます。

〈時間〉25分　〈合かく〉80点
〈とく点〉　／100
月　日

答え↓べっさつ14ページ

1 **つぎの 文しょうを 読《よ》んで、あとの といに 答《こた》えましょう。**（50点《てん》）一つ25

「そう、そう、うまいよ。だいじょうぶね。はなすよ。」

「あっ、だめ　だめ　だめ！」

ひろしが　さけんで、かたんと　じてんしゃは、かたむき、ひろしは、みちばたに　ほうりだされました。

メリーちゃんは、まるで　おとなのように　うでを　くんで

「わたしだって、なんども、ころんで　れんしゅうしたんだからね。」

それから、ひろしは　なんべん　ころんだか　わかりません。

うちへ　かえったら、おかあさんが

「どうしたの？　どろだらけじゃ　ないの。……あらっ、ひざこぞうから　ちが　でてるわ。どうしたの？」

と、いって　かおを　しかめました。

でも、ひろしは、

「いろんな　こと　して　あそんだだけだよ。」

と、いっただけでした。

（はまの　たくや「おじいさんの　ふしぎな　じてんしゃ」）

(1)【できごと】ひろしは　この　日、何を　して　いましたか。

（　　　　　　　　　　）

(2) 【できごと】コウくんと わかれるとき、お母さんは 何《なに》を くれましたか。

(　　　　)

たいせつ

(3) 【気もち】コウくんは、どんな 気もちで「やい、北風……」と 言ったのですか。

(　　　　)

2 つぎの 文しょうを 読んで、あとの といに 答えましょう。(40点)一つ10

火のこを はきはき、やえもんは 走《はし》りつづけました。

いなむらに 火のこが かかりました。

ブスブス、いなむらから、けむりが 立ちはじめました。たんぼの 火事《かじ》です。

おひゃくしょうさんたちが、びっくりして、家《いえ》から とび出して きました。

「いったい、これは、どうした ことだ。」

おひゃくしょうさんたちは、大さわぎを はじめました。

(あがわ ひろゆき「きかん車やえもん」)

(1) 【場めんの ようす】たんぼが 火事に なったのは なぜですか。

(　　　　)が はいた (　　　　)が、(　　　　)に かかったから。

たいせつ

(2) 【気もち】おひゃくしょうさんたちは、大さわぎを はじめたとき、どんな 気もちでしたか。

(　　　　)

13 ものがたりを 読《よ》む ①

シール

ふくしゅうのポイント！
・場面の様子をとらえます。
・物語の展開をとらえます。
・登場人物の気持ちを想像します。

月　日

〈時間〉25分　〈合かく〉80点
〈とく点〉
/100

答え↓べっさつ14ページ

1 **つぎの 文しょうを 読《よ》んで、あとの といに 答《こた》えましょう。**（60点《てん》）一つ15

お父《とう》さんと お母《かあ》さんは、東京《とうきょう》に はたらきに 行《い》きます。村に はつ雪《ゆき》の ふった 日です。

「春《はる》まで がまんするんだよ。」

お母さんは、草色《くさいろ》の マフラーを あんで、コウくんの 首《くび》に まいて くれました。そして、汽車《きしゃ》に のって 行って しまいました。

村は すっぽりと 雪に うもれて しまいました。

コウくんは、お兄《にい》ちゃんたちと いっしょに、学校に 通《かよ》います。お母さんが あんで くれた マフラーを 首に まいて、どんなに しばれる《（さむい）》 日でも、どんなに ふぶきの ふきあれる 日でも、

「やい、北風《きたかぜ》、早く、春を、つれて、こい。」

ぎゅっと はを くいしばって、学校に 通います。


（ごとう りゅうじ「草色のマフラー」）

(1) 【場《ば》めんの ようす】コウくんの お父さんと お母さんは、いつ、どこへ 行ったのですか。

いつ（　　　　）

どこへ（　　　　）

ウ 子ねこが ぐっすり ねむって いる こと。

(3) 【つなぎことば】□に 入る ことばを つぎから えらび、記ごうで 答えましょう。（　　）

ア しかし　**イ** それで

ウ ところで

2 **つぎの 文しょうを 読んで、あとの といに 答えましょう。** (40点)一つ20

お母《かあ》さんが、やもりを 外《そと》に おい出そうと して あみ戸《ど》を あけると、やもりは きゅうに とびはねて、お母さんの かみの 毛《け》を かすって、かいだんに おちました。お母さんは、「きゃあっ。」と さけびました。

(1) 【だい名】この 文しょうの だいを つぎから えらび、記ごうで 答えましょう。（　　）

ア あみ戸　**イ** かみの 毛

ウ やもり

(2) 【内ようの 理かい】――線から わかる ことを つぎから えらび、記ごうで 答えましょう。（　　）

ア お母さんが とても おどろいた こと。

イ お母さんが とても おこった こと。

ウ お母さんが とても よろこんだ こと。

12 生活文《せいかつぶん》を 読《よ》む

シール

ふくしゅうのポイント！
- 何について書かれた文章かをとらえます。
- 文章の構成（組み立て）に注意します。
- 様子が詳しく書かれた部分に注意します。

答え↓ べっさつ14ページ

〈時間〉25分　〈合かく〉80点　〈とく点〉　/100

月　日

1 **つぎの 文しょうを 読《よ》んで、あとの といに 答《こた》えましょう。**（60点《てん》）一つ15

おととい、学校の 帰《かえ》りに、家《いえ》の 近《ちか》くの 小さな 公園《こうえん》を 通《とお》りました。その 入り口に、四才《さい》ぐらいの 女の子が 立って いました。

その 女の子は、みけねこを だいて いました。ねこは、女の子の むねの ところで、ねて いるみたいでした。小さな 小さな 子ねこです。

わたしが、その 女の子の 前を 通る とき、女の子は、わたしに 何《なに》か 言《い》いたそうな 顔《かお》を しました。［　　］、わたしは ちょっと 止《と》まって、にこっと わらって あげました。

(1)【内《ない》ようの 理《り》かい】何《なん》の ことを 書《か》いた 文しょうですか。

（　　　　）を だいた

（　　　　）の こと。

(2)【内ようの 理かい】――線《せん》の ことばから どんな ことが わかりますか。つぎから えらび、記《き》ごうで 答えましょう。

（　　　　）

ア 子ねこが とても 小さい こと。

イ 子ねこが とても おとなしい こと。

たいせつ

3 【つなぐ ことば】**つぎの （　）に 入る ことばを あとから えらび、記ごうで 答えましょう。**（20点）一つ5

(1) きゅうに 雨が ふって きた。（　　）、家《いえ》に 入った。

(2) ずっと 本を さがして いる。（　　）、まだ 見つからない。

(3) 花やには たくさんの 花が ならんで います。（　　）、バラ、キク、スイートピーなどです。

(4) げんかんの チャイムを 鳴《な》らした。（　　）、まことくんが 戸《と》を あけて 出て きた。

ア すると　**イ** だから
ウ しかし　**エ** たとえば

4 【つなぐ ことば】**つぎの 文の □に あう ひらがなを 入れましょう。**（30点）一つ6

(1) 走《はし》って 行《い》った□□、まにあわなかった。

(2) 少《すこ》し 雨が ふれ□、すずしく なるのにね。

(3) しゅくだいを わすれた□、教科書《きょうかしょ》まで わすれて しまった。

(4) がんばって つづけて いる□、いい ことが あります。

(5) 知《し》って いた□□□、わたしは だまって いた。

11 つなぐ ことば

シール

答え↓べっさつ14ページ

〈時間〉20分　〈合かく〉80点　〈とく点〉　/100

月　日

ふくしゅうのポイント！
- 「つなぐことば」の前後の関係を正しくとらえられるようにします。
- 「つなぐことば」の使い方を覚えます。

1 **【つなぐ　ことば】つぎの（　）に　入る　ことばを　あとから　えらび、記《き》ごうで　答《こた》えましょう。**（30点《てん》）一つ6

(1) 学校が　休み（　　）、七時《じ》に　おきます。

(2) 雨が　ふって　いる（　　）、外《そと》で　あそべません。

(3) 何回《なんかい》も　よんで　いる（　　）、気づいて　くれない。

(4) 晴《は》れて　いれ（　　）、遠足《えんそく》に　行《い》く　よていでした。

(5) 歩《ある》いて　いく（　　）、犬が　近《ちか》づいて　来《き》ました。

ア　と　**イ**　ので　**ウ**　のに
エ　ば　**オ**　でも

たいせつ

2 **【つなぐ　ことば】つぎの（　）に　入る　ことばを　あとから　えらび、記ごうで　答えましょう。**（20点）一つ5

(1) えんぴつ、（　　）、ボールペンで　記入して　下さい。

(2) 学校を　休んだ。（　　）、かぜを　引《ひ》いたからだ。

(3) 雨が　ふって　きた。（　　）、かみなりまで　鳴《な》り出した。

(4) あの　人は　母《はは》の　妹《いもうと》、（　　）、おばです。

ア　そのうえ　**イ**　あるいは
ウ　なぜなら　**エ**　つまり

たいせつ

3 【文を 作る】れいに ならって、（　）に 入る ことばを 考《かんが》えて 文を 作りましょう。（20点）一つ4

（れい） うさぎが（どのように ぴょんぴょん）はねた。

(1) （だれが(何《なに》が)　）が、にわを 走《はし》って います。

(2) わたしは、（いつ　）（どこへ　）へ 行《い》きました。

(3) 車が とつぜん 目の 前《まえ》で（どう した　）。

(4) （ようす　）ので、うわぎを きた。

たいせつ

4 【正しい 文】つぎの □に ひらがなを 入れて 正しい 文に しましょう。（30点）一つ6

(1) あすは たぶん よい 天気□□□。

(2) この 夏《なつ》は ぜんぜん 雨が ふら□□ので、こまって いる。

(3) もし 雨が ふっ□□、遠足《えんそく》は 中止《ちゅうし》です。

(4) どんなに いそい□□、電車《でんしゃ》には まにあいません。

(5) まるで 鳥《とり》の□□□。

10 文を 作《つく》る

シール

ふくしゅうのポイント！

・修飾語の位置に注意しながら言葉を並べかえて、文を作れるようにします。
・意味がはっきりした文を書きます。

答え↓べっさつ13ページ

〈時間〉25分　〈合かく〉80点　〈とく点〉　/100

月　日

1　**【ことばの じゅんじょ】つぎの（　）に 番《ばん》ごうを 入れて、一つの 文に しましょう。**（30点《てん》）一つ10

(1)
（ 4 ）きたよ
（　）ねこが
（　）走《はし》って
（　）むこうから

(2)
（　）チューリップが
（　）さいた
（　）花だんに
（ 5 ）みごとに
（　）赤と 黄《き》色《いろ》の
（ 1 ）わたしの うちの

(3)
（　）ねむって いました
（ 1 ）牛《うし》は
（　）とても
（　）気もち よさそうに

2　**【文を 作る】つぎの ことばを つかって、みじかい 文を 作《つく》りましょう。**（20点）一つ10

(1) ものすごい
（　　　　　　　　）

(2) いそがしい
（　　　　　　　　）

3 【主語・述語】つぎの　文の　主語と　述語を　見つけて、主語は（　）に　述語は〔　〕に、記ごうで　答えましょう。（36点）一つ3

(1) ア鳥《とり》が　イ木の　ウえだに　エとまった。　（　）〔　〕

(2) ア八時《はちじ》には　イ父《ちち》が　ウここに　エ来《き》ます。　（　）〔　〕

(3) アあそこで　イねている　ウ犬は　エかわいらしい。　（　）〔　〕

(4) アその　イ話《はなし》を　ウわたしは　エ知《し》らなかった。　（　）〔　〕

(5) ア弟《おとうと》は　イ毎日《まいにち》　ウ日記を　エ書《か》くそうだ。　（　）〔　〕

(6) アあなたは　イいったい　ウどのように　エ考《かんが》えますか。　（　）〔　〕

4 【文の　しゅるい】つぎの　文は、あとの　どの　形《かたち》の　文に　あたりますか。記ごうで　答えましょう。（24点）一つ4

(1) 魚《さかな》が　海を　およぐ。　（　）

(2) ぼくの　いなかは　青森だ。　（　）

(3) 山の　空気は　しんせんだ。　（　）

(4) 父は　ぼくを　よんだ。　（　）

(5) この　前　見た　えいがは　とても　おもしろかった。　（　）

(6) これは　ぼくが　友だちから　かりた　本です。　（　）

ア　何《なに》が（は）　どう　する。

イ　何が（は）　どんなだ。

ウ　何が（は）　なんだ。

9 主語《しゅご》と述語《じゅつご》

シール

ふくしゅうのポイント！
・主語と述語をとらえられるようにします。
・「どうする」「どんなだ」「なんだ」の三つの文の形に分けられるようにします。

〈時間〉20分 〈合かく〉80点 〈とく点〉 /100

月　日

答え↓べっさつ13ページ

1 **【主語《しゅご》】つぎの〜〜線《せん》の述語《じゅつご》にたいする主語をえらび、記《き》ごうで答《こた》えましょう。**（20点《てん》）一つ4

(1) アぼくの イ姉《あね》は 四年生です。（　）

(2) ア犬が イわたしの ウ前を よこ切った。（　）

(3) ア今夜《こんや》の イ星空《ほしぞら》は ウこれまでで エいちばん うつくしい。（　）

(4) アわたしの イお気に入りの ウぼうしが エ風に とばされた。（　）

(5) アあちらの イ赤い ウやねの エたて物《もの》が 学校です。（　）

2 **【述語】つぎの〜〜線の主語にたいする述語をえらび、記ごうで答えましょう。**（20点）一つ4

(1) アぼくの 母《はは》は イピアノの ウ先生です。（　）

(2) アきのうから イはげしい 雨が ウずっと エふっている。（　）

(3) アこの お茶《ちゃ》は イ思《おも》って ウいたより エあつかった。（　）

(4) わたしは ア読《よ》んだ イ本を ウ元《もと》の エ場《ば》しょに オもどした。（　）

(5) 兄《あに》は アサッカーを イしに ウ公園《こうえん》へ エ行《い》きました、オさっき。（　）

(3) ねこはどろんこになってにげるねずみをおいかけた。

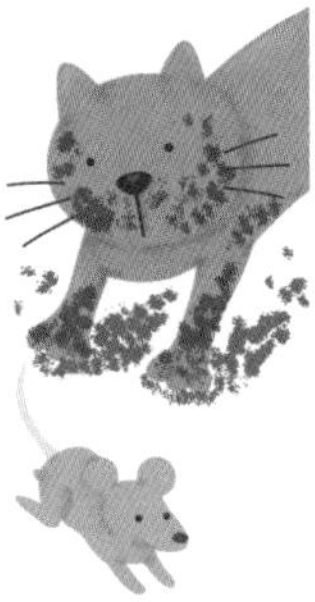

3 **【会話《かいわ》を　さがす】つぎの　文しょうの　中で、「わたし」「お店《みせ》の　人」「お母《かあ》さん」の　言った　ことばに「　」を　つけましょう。**（40点）一つ20

(1) わたしが　パンやさんで
メロンパンは　ありますか。
と　きいたら、お店の　人が
はい。こちらに　ありますよ。
と　教《おし》えて　くれました。
ありがとうございます。
と　わたしは　言《い》いました。

(2) それは　いけない　ことよ。
と　お母さんに　しかられたので、
ごめんなさい。
と　わたしは　あやまりました。
これからは　気《き》を　つけて。
と　お母さんは　言いました。

8 点《てん》(、)・丸《まる》(。)・かぎ(「」)を つかう

シール

ふくしゅうのポイント！
・点・丸・かぎを正しく使います。
・読点の打ち方で文の意味が変わることを覚えて、正しく使えるようにします。

答え↓べっさつ13ページ

〈時間〉25分 〈合かく〉80点 〈とく点〉 /100

月 日

1 【「、」や「。」の 書《か》き方《かた》】 つぎの □の 正しい ばしょに 点《てん》(、)か 丸《まる》(。)を 書《か》きましょう。 (30点《てん》)一つ5

(1) 晴れれば□外に出かけよう□

(2) しかし□だれも行きません□

(3) ちゅういしたのに□知らん顔をしている□

2 【いみが かわる 文】 つぎの 文に 点(、)を 一つ つけて、いみの ちがう 二つの 文を 作《つく》りましょう。 (30点)一つ5

(1) ここではきものをぬぎましょう。

(　　　　)

(　　　　)

(2) バスがこしょうして止《と》まっているトラックにぶつかった。

たいせつ

3 【ことばの いみ】つぎの ことばの いみを 下から えらび、——線で むすびましょう。

（32点）一つ4

(1) あせる ・　　・やって みる

(2) とつぜん ・　　・年が 少《すく》ない

(3) おさない ・　　・はんたいする

(4) すてき ・　　・少《すこ》し 前《まえ》

(5) ためす ・　　・すばらしい

(6) 山すそ ・　　・きゅうに

(7) さきほど ・　　・山の ふもと

(8) さからう ・　　・いらいらする

4 【ようすを あらわす ことば】つぎの （　）に 入る ことばを あとから えらび、記《き》ごうで 答《こた》えましょう。

（20点）一つ5

(1) 風船《ふうせん》が（　　）ふくらんで きました。

(2) ねこは（　　）よこに なりました。

(3) ほのおが（　　）ゆれる。

(4) 雪《ゆき》が（　　）ふりだしました。

ア ごろんと　**イ** ゆらゆら

ウ だんだん　**エ** のそのそ

オ ちらちら　**カ** さらっと

7 ことばの いみ

シール

ふくしゅうのポイント!
- 反対語を覚えます。
- 慣用句の使い方を覚えます。
- 言葉の意味を覚え、使えるようにします。

〈時間〉20分 〈合かく〉80点 〈とく点〉 /100

月 日

答え↓べっさつ12ページ

1 【はんたいの ことば】**つぎの ことばと はんたいの いみの ことばを 下から えらび、——線《せん》で むすびましょう。** (24点《てん》)一つ4

(1) はじめ ・　　・ ひくい
(2) おもて ・　　・ さむい
(3) 早い ・　　・ おす
(4) 引《ひ》く ・　　・ うら
(5) あつい ・　　・ おわり
(6) 高《たか》い ・　　・ おそい

2 【にた いみの ことば】**つぎの ことばと にた いみの ことばを 下から えらび、——線で むすびましょう。** (24点)一つ4

(1) まける ・　　・ 言《い》う
(2) 心《しん》ぱい ・　　・ ふあん
(3) 理《り》ゆう ・　　・ やぶれる
(4) 話《はな》す ・　　・ うれしい
(5) すわる ・　　・ しゃがむ
(6) 楽《たの》しい ・　　・ げんいん

たいせつ

3 【合《あ》わさって できた ことば】**つぎの 二つの ことばを 合わせると、一つの ことばに なります。（　）に ひらがなで 書きましょう。**（30点）一つ5

(1) 三日 ＋ 月 → （　　）

(2) はな ＋ ち → （　　）

(3) 手 ＋ 作り → （　　）

(4) そこ ＋ 力 → （　　）

(5) 竹 ＋ つつ → （　　）

(6) ゆのみ ＋ 茶わん → （　　）

---

4 【まちがえやすい ことば】**つぎの 二つの 書き方《かた》の うち、正しい ほうの 記《き》ごうに ○を つけましょう。**（20点）一つ2

(1) **ア** ちじめる **イ** ちぢめる

(2) **ア** つずく **イ** つづく

(3) **ア** こずかい **イ** こづかい

(4) **ア** とおる **イ** とうる

(5) **ア** すいどお **イ** すいどう

(6) **ア** いう **イ** ゆう

(7) **ア** はづかしい **イ** はずかしい

(8) **ア** じめん **イ** ぢめん

(9) **ア** こどもずれ **イ** こどもづれ

(10) **ア** とうふ **イ** とおふ

6 かなづかい

シール

ふくしゅうのポイント！
- 助詞「は・を・へ」を正しく使い分けます。
- のばす音の書き方を覚えます。
- 「じ・ぢ・ず・づ」の使い分けを覚えます。

〈時間〉20分　〈合かく〉80点　〈とく点〉　／100

月　日

答え→べっさつ12ページ

1 【は・を・へ】つぎの　かなづかいの　正しい　ほうに、○を　つけましょう。　（20点《てん》）一つ4

(1) こんにち{は／わ}。

(2) 学校{は／わ}　楽《たの》しい。

(3) 図書室《としょしつ》で　本{お／を}　読《よ》む。

(4) 友《とも》だちと　公園《こうえん》{え／へ}　行《い》く。

(5) {お／を}　母《かあ》さんと　出かけた。

2 【のばす　音】つぎの　ことばを　正しい　かなづかいに　書《か》き直《なお》しましょう。　（30点）一つ5

(1) こうりみず　→（　）

(2) おおさま　→（　）

(3) せんせえ　→（　）

(4) おうかみ　→（　）

(5) おねいさん　→（　）

(6) けえさつ　→（　）

(1) まどがらすが　われる。（　　）

(2) ちゅんちゅん　鳴く。（　　）

(3) ゆらゆら　ゆれる。（　　）

(4) ぎしぎし　きしむ。（　　）

(5) ふらんすの　人。（　　）

(6) きらきら　光《ひか》る。（　　）

たいせつ

3

【かたかなの　つかい方《かた》】つぎの　文で、書き方の　まちがって　いる　ところを　さがして　——線を　引《ひ》き、（　）に　正しく　書き直《なお》しましょう。（40点）一つ4

(1) 山道《やまみち》を　ドンドン　のぼって　いきました。（　　）

(2) すうぷを　かっぷに　入れて　ください。（　　）（　　）

(3) お母《かあ》さんと　でぱあとに　行《い》って、白い　すかあとを　買《か》います。（　　）（　　）

(4) ヒナ鳥《どり》が　ぴいぴいと　鳴《な》いて　います。（　　）（　　）

(5) タイコを　ドンドンと　たたきました。（　　）（　　）

(6) ぷうるに　ざぶんと　とびこみました。（　　）（　　）（　　）

5 かたかなの ことば

シール

ふくしゅうのポイント！
・かたかなで書く言葉には、どのようなものがあるかを覚えます。
・かたかなの表記のきまりを覚えます。

〈時間〉20分　〈合かく〉80点
〈とく点〉　/100
月　日

答え↓べっさつ11ページ

1 【かたかなの ことば】**□の 中の ことばを かたかなに 直《なお》して、あとの （　）に 分《わ》けて 書《か》きましょう。** （36点《てん》）一つ4

まらそん	じゃっく	みゃーお
とらっく	しちゅー	どすん
えじぷと	ぎぎー	わんわん

(1) 外国《がいこく》から 入って きた ことば

(2) 外国の 地名《ちめい》や 人の 名前《なまえ》

(3) どうぶつの 鳴《な》き声《ごえ》

(4) いろいろな 音

2 【かたかなの ことば】**つぎの ——線《せん》の ことばの うち、かたかなで 書く ものには ○、ひらがなで 書く ものには ×を つけましょう。** （24点）一つ4

たいせつ

3 【画《かく》数《すう》】れいに ならって、つぎの かん字の 画数を 数字で 書きましょう。 (36点)一つ3

(れい) 場（12）

(1) 道（　）
(2) 曜（　）
(3) 切（　）
(4) 紙（　）
(5) 直（　）
(6) 鳥（　）
(7) 教（　）
(8) 引（　）
(9) 園（　）
(10) 母（　）
(11) 線（　）
(12) 原（　）

4 【ひつじゅん】れいに ならって、かん字の ひつじゅんの ひょうを 作《つく》りましょう。 (24点)一つ4

	かん字	ひつじゅん					
れい	五	一	丆	丂	五		
(1)	方						
(2)	丸						
(3)	考						
(4)	同						
(5)	羽						
(6)	当						

4 ひつじゅんと 画数《かくすう》

シール

ふくしゅうのポイント！
・漢字の正しい筆順と画数を覚えます。
・形の似ている漢字の筆順は、区別して覚えます。

月　日

〈時間〉25分　〈合かく〉80点　〈とく点〉　/100

答え↓べっさつ11ページ

1　【ひつじゅん】つぎの かん字の ひつじゅんの 正しい ほうに ○を つけましょう。（10点《てん》）一つ2

(1) 長
ア 丨 ┌ 巨 镸 長
イ 一 ┌ 巨 镸 長

(2) 図
ア 丷 ツ 㐅 図 図
イ 丨 冂 冈 図 図

(3) 馬
ア 一 厂 F 𫝀 馬 馬
イ 丨 厂 冂 𫝀 馬 馬

(4) 門
ア 丨 ┌ 戸 門 門 門
イ 𠃌 ヨ 戸 門 門 門

(5) 米
ア 一 十 半 米 米
イ 丷 䒑 半 米 米

2　【ひつじゅん】つぎの 太《ふと》い ところは 何《なん》番《ばん》目に 書《か》きますか。○に 数字《すうじ》を 書きましょう。（30点）一つ3

(1) 止　○
(2) 何　○
(3) 半　○
(4) 西　○
(5) 右　○
(6) 左　○
(7) 車　○
(8) 弱　○
(9) 万　○
(10) 書　○

たいせつ

3 【おくりがなの　つけ方】つぎの　文の――線の　ことばを、かん字と　ひらがなで　書きましょう。（30点）一つ5

(1) 学校へ　かよう。（　　　）

(2) 気もちが　はれる。（　　　）

(3) ふとい　線を　引《ひ》く。（　　　）

(4) テストを　おこなう。（　　　）

(5) しつもんに　こたえる。（　　　）

(6) 友人《ゆうじん》と　かたらう。（　　　）

4 【おくりがなを　正す】つぎの　文には、おくりがなの　まちがいが　あります。まちがって　いる　ところに　――線を　引いて　正しく　書き直《なお》しましょう。（30点）一つ6

(1) おかしを　半分に　分る。

(2) はさみを　用て　切る。

(3) 大きな　音が　聞える。

(4) 走って　学校から　帰える。

(5) 細い　ことに　こだわらない。

3 おくりがな

シール

ふくしゅうのポイント！
- 正しい送りがなを覚えます。
- 送りがなによって変わる読み方に注意します。
- 形の似た漢字を読み分けます。

〈時間〉20分　〈合かく〉80点　〈とく点〉　／100　月　日

答え→べっさつ11ページ

1 【まちがえやすい　おくりがな】**書《か》き方《かた》の　正しい　ほうに、○を　つけましょう。** （20点《てん》）一つ5

(1) かんらん車が { 回わる。／回る。 }

(2) ふたが { 外れる。／外る。 }

(3) ひみつを { 教える。／教る。 }

(4) あそびの　わに { 交る。／交じる。 }

2 【二つ　い上の　読《よ》み】**つぎの　文の　――　線《せん》の　ことばを、かん字と　ひらがなで　書きましょう。** （20点）一つ4

(1) 夜《よ》が　あける。（　　）

(2) あかるい（　　）光《ひかり》。

(3) あきらかな（　　）まちがい。

(4) あらたな（　　）考《かんが》え。

(5) あたらしい（　　）友《とも》だち。

3 【にた 形《かたち》の かん字】つぎの かん字の 同《おな》じ ところを、（　）に 書きましょう。

（28点）一つ4

(1) 強 弱 （　　）

(2) 細 紙 （　　）

(3) 頭 顔 （　　）

(4) 姉 妹 （　　）

(5) 国 回 （　　）

(6) 時 晴 （　　）

(7) 科 秋 （　　）

たいせつ

4 【同じ 音読みの かん字】つぎの 文の □ に 合《あ》う かん字を （　）から えらんで 書きましょう。

（24点）一つ4

(1) □《がん》石《せき》が おちる。（丸・岩）

(2) 電《でん》□《ち》を 買《か》う。（地・池）

(3) □《けい》画《かく》を たてる。（形・計）

(4) □《たい》ようが まぶしい。（太・大）

(5) □《り》ゆうを たずねる。（理・里）

(6) □《しん》切《せつ》に する。（新・親）

2 かん字（書《か》き）

算数
生活
国語

シール

ふくしゅうのポイント！
・特別な読み方の漢字を覚えます。
・漢字の同じ部分に注目させます。
・同じ音読みの漢字を使い分けます。

〈時間〉20分　〈合かく〉80点　〈とく点〉　／100　月　日

答え→べっさつ10ページ

1　【かん字の 書《か》き方《かた》】つぎの □に 入る かん字を 書《か》きましょう。（28点《てん》）一つ4

(1) □□《こうえん》で あそぶ。

(2) □《とお》くの □《ほし》を 見る。

(3) よく □《かんが》えて □《こた》える。

(4) くじが □《あ》たる。

(5) □《みち》を まちがう。

2　【とくべつな 読《よ》み方の かん字】つぎの □に 入る かん字を 書きましょう。（20点）一つ4

(1) □□《あす》、買《か》いものに 行《い》く。

(2) □□《じょうず》に 字を 書く。

(3) □□《ことし》も よろしく。

(4) □□《けさ》、にもつが とどいた。

(5) □□《かわら》で あそぶ。

3 【にた 形《かたち》の かん字】にた 形を した ——線の かん字の 読み方を 書きましょう。（20点）一つ2

(1) 虫を かごの 中に 入れる。

(2) 雪を ふらせる 雲が 近《ちか》づく。

(3) 親子で 新しい ぶらんこで あそんだ。

(4) 少女は 小犬と 毎日 近くの 海に 行《い》った。

たいせつ

4 【音読みと くん読み】——線の かん字の 読み方を 書きましょう。（30点）一つ3

(1) 書店の 店番を する。

(2) 校歌を 歌う。

(3) 会場で 先生と 会う。

(4) アメリカ人が 日本語で むかし話《ばなし》を 語る。

(5) 体いくで 体を うごかす。

1 かん字（読《よ》み）

シール

〈時間〉20分　〈合かく〉80点　〈とく点〉　／100　月　日

答え↓べっさつ10ページ

ふくしゅうのポイント！
・漢字の音読みと訓読みを覚えます。
・間違えやすい読み方に注意します。
・形の似た漢字を読み分けます。

1 【かん字の 読《よ》み】――線《せん》の かん字の 読み方《かた》を 書《か》きましょう。（20点《てん》）一つ2

(1) 楽しい 夏休み。（　　）（　　）

(2) 絵本を かりる。（　　）

(3) 教室に 入る。（　　）（　　）

(4) 外国に 行く。（　　）（　　）

(5) 野原を 歩く。（　　）（　　）

(6) なかの よい 兄弟だ。（　　）

2 【まちがえやすい 読み方】つぎの かん字の 読み方の うち、正しい ほうに ○を つけましょう。（30点）一つ5

(1) 時間　ア じげん　イ じかん

(2) 方角　ア ほうがく　イ ほうこう

(3) 友人　ア ゆうじん　イ ともだち

(4) 図書室　ア ずしょしつ　イ としょしつ

(5) 町工場　ア まちこうば　イ まちこうじ

(6) 計算　ア けいそく　イ けいさん

国語

はじめに

ようすを　あらわす　ことばや　つなぐ　ことばなど　いろいろな　しゅるいの　ことばが　出て　くるよ。新《あたら》しい　ことばや　かん字を　学んで　文しょうを　読《よ》んで　みよう。いろいろな　文しょうから　知《し》らなかった　ことを　知ったり，お話に　出て　くる　人の　気もちを　考《かんが》えたり　して，読む　ことを　楽《たの》しみましょう。

答え

小2 全科の復習テスト

→指導される方々へ　この解答編では，指導される方々向けに問題の答えや学習のポイント，注意点などを載せています。答え合わせのほかに，問題に取り組むお子さまへの説明やアドバイスの参考としてお使いください。本書を活用していただくことでお子さまの学習意欲を高め，より理解が深まることを願っています。生活科について，学校や地域によって活動や体験が異なります。お子さまの学習の実態に応じ，問題への取り組みをサポートしていただきますようお願いいたします。

算数

4〜5 ページ

1 ひょうと　グラフ

1 (1)　〈くだものの　数《かず》〉

名まえ	りんご	みかん	メロン	バナナ
数	5	8	6	7

(2)〈くだものの　数〉

	○		
	○		○
	○	○	○
○	○	○	○
○	○	○	○
○	○	○	○
○	○	○	○
○	○	○	○
りんご	みかん	メロン	バナナ

2 (1)　〈おかしの　数〉

名まえ	あめ	ケーキ	クッキー	ドーナツ
数	5	4	2	3

(2)〈おかしの　数〉

○			
○	○		
○	○		○
○	○	○	○
○	○	○	○
あめ	ケーキ	クッキー	ドーナツ

(3)あめ

(4)ケーキが　2こ　多《おお》い。

指導の手引き

2 (1)は，数を数えながら印をつけさせれば，見落としがなくなるでしょう。(3)では，グラフのいちばん高いおかしを見つけます。(4)では，グラフを見て，どちらの○の数が，いくつ多いかを調べます。

6〜7 ページ

2 時こくと　時間

1 (1) 60　(2) 24　(3) 70　(4) 1，20

2 (1) 3 時《じ》 40 分《ぶん》　(2) 3 時 10 分

(3) 4 時 40 分　(4) 35 分《ふん》

3 (1)午前《ごぜん》 6 時 45 分　(2)午前 8 時 5 分

(3)午後《ごご》 2 時 33 分　(4)午後 9 時 38 分

4　3 時間《じかん》

指導の手引き

2 (4)の時間は，55－20＝35 だから 35 分と計算します。

8〜9 ページ

3 たし算の　ひっ算 ①

1 (1) 29　(2) 74　(3) 50　(4) 70　(5) 23

(6) 95　(7) 88　(8) 67

2 (1) 68　(2) 91　(3) 59　(4) 44　(5) 82

(6) 90　(7) 53　(8) 70

3 (1)

$$\begin{array}{r} 34 \\ +52 \\ \hline 86 \end{array}$$

(2)

$$\begin{array}{r} 47 \\ +18 \\ \hline 65 \end{array}$$

(3)

$$\begin{array}{r} 9 \\ +61 \\ \hline 70 \end{array}$$

ひっぱると、はずして使えます。

4　(しき)17＋26＝43

(答《こた》え)43 こ

5　(しき)59＋21＝80

(答え)80 まい

指導の手引き

1　ここでは，一の位，十の位と，位ごとにたし算をしていきます。
(3)から(6)のように，くり上がりのある計算では，1と9，2と8，3と7など，合わせて10になる数の組み合わせが，すぐに言えるようにしておきましょう。

2　(4)

```
  1←──くり上がるときは，くり上がる1
  18   を上に書くと，間違えなくなりま
 ＋26  す。
  44
```

ここに注意！　ここでは，一の位は一の位どうし，十の位は十の位どうし計算し，一の位から先に計算していくことをおさえさせましょう。
また，一の位がくり上がるときは，十の位の計算に気をつけさせましょう。

3　筆算するときは，位をそろえて書きます。
(3)では，右のような間違いをしないように，注意させましょう。

```
   9
 ＋61
 151
```

10～11 ページ

4　ひき算の　ひっ算 ①

1　(1) 22　(2) 74　(3) 40　(4) 42　(5) 27
(6) 67　(7) 70　(8) 34

2　(1) 44　(2) 60　(3) 2　(4) 25　(5) 57
(6) 33　(7) 9　(8) 58

3

```
(1)  67    (2)  54    (3)  26
   －25       －16       － 9
     42         38         17
```

4　(しき)32－17＝15

(答え)15 本

5　(しき)94－86＝8

(答え)ひかりさんが　8点《てん》　高《たか》い。

指導の手引き

1　(4)は，50を40と10に分けます。10から8をひいて2　40と2で42
(5)は，36を30と6に分けます。30から9をひいて21　21と6で27
(6)は，74を70と4に分けます。70から7をひいて63　63と4で67

2　(5)

```
  7←──くり下がるときは，1くり下げた
  8̸6   数を書くと，間違えなくなります。
 －29
  57
```

ここに注意！　一の位は一の位どうし，十の位は十の位どうし計算させるのは，たし算と同じですが，(5)から(8)のように，くり下がりのある計算では，十の位からくり下げた1をひくことを忘れないよう注意させましょう。

3　たし算のときと同様，筆算するときは，位をそろえて書かせましょう。

12～13 ページ

5　1000までの　数

1　(1) 584　(2) 309　(3) 230　(4) 726
(5) 999

2　(1) 1，4　(2) 10

3　(1) 190　(2) 450　(3) 710

4　(1) 870 ─ 880 ─ 890 ─ 900 ─ 910

(2) 395 ─ 400 ─ 405 ─ 410 ─ 415

5　(1)＞　(2)＜　(3)＝　(4)＜

6　(1) 120　(2) 900　(3) 60　(4) 800

7　(しき)100＞60＋20

(答え)買《か》える。

指導の手引き

1　(2)は，十の位に0を書くのを忘れないよう注意させましょう。

3　数の線の1目もりは，10を表しています。目もりを正しく読みとりましょう。

4　(1)は10ずつ，(2)は5ずつ大きくなっていることに目をつけます。

5　数の大小を判断するときは，その数のいちばん上の位の数字に着目させ，それが同じときは，その下の位の数字にと，順次比較させるようにします。

6　(1)は，10が何個あるかを考えます。10が7＋5＝12で，70＋50＝120
(2)は，100が何個あるかを考えます。

14～15 ページ

6 計算の　じゅんじょ

1 (1)(しき)42＋20＋30＝92

(答《こた》え)92 円

(2)(しき)42＋(20＋30)＝92

(答え)92 円

2 (1) 13＋(50＋20)＝13＋70

＝83

(2) 45＋(8＋2)＝45＋10

＝55

(3) 3＋(15＋5)＝3＋20

＝23

(4) 29＋(17＋3)＝29＋20

＝49

(5) 27＋(34＋6)＝27＋40

＝67

(6) 8＋(56＋14)＝8＋70

＝78

3 (1)**イ**

(2)**ア**

4 (しき)16＋(27＋3)＝46

(答え)46 さつ

指導の手引き

1 (2)では，まとめてたすときは，(　)を使って表し，(　)の中から先に計算することで，計算が簡単になることを気づかせます。

2 (　)を使って計算します。

4 まず，物語の本が何冊になったかを考えて式に表します。

16～17 ページ

7 たし算の　ひっ算 ②

1 (1) 159　(2) 145　(3) 107　(4) 144
(5) 113　(6) 110　(7) 106　(8) 100

2 (1) 98　(2) 157　(3) 190　(4) 141

3 (1) 100　(2)○　(3)○　(4) 162

4 (1) 187　(2) 651　(3) 712　(4) 280

5 (しき)87＋63＝150

(答え)150 わ

6 (しき)52＋76＋48＝176

(答え)176 円

指導の手引き

1 十の位の計算が，10 いくつになったときは，百の位に 1 くり上げます。

ここに注意！ (4)から(8)は，一の位の計算も，十の位の計算もくり上がるので，十の位の計算では，くり上げた 1 をたすことを忘れないように注意させましょう。特に(7)と(8)は，一の位の計算で 1 くり上がり，十の位の和が 10 になって，百の位に 1 くり上がるので，注意が必要です。

2 (3)は，一の位の計算をすると，20 になるので，十の位に 2 くり上げて計算します。

ここに注意！ 基本的に，2 つの数のたし算と同じだということを認識させます。3 つの数のたし算では，一の位のたし算で，2 くり上がることがあるので，注意させましょう。

4 3 けたの数の筆算も一の位から順に計算していきます。

18～19 ページ

8 ひき算の　ひっ算 ②

1 (1) 62　(2) 71　(3) 80　(4) 53　(5) 86
(6) 65　(7) 99　(8) 94

2 (1) 78　(2) 95　(3) 63　(4) 98

3 (1)○　(2) 66　(3)○　(4) 8

4 (1) 453　(2) 839　(3) 252　(4) 706

5 (しき)121－46＝75

(答え)75 人

6 (しき)175－68＝107

(答え)ゆうりさんが　107 こ　多《おお》い。

指導の手引き

1 一の位でひき算ができないときは，十の位から 1 くり下げて計算します。十の位でできないときは，百の位から 1 くり下げて計算します。

ここに注意！ (7)(8)では，一の位を計算したときに十の位が 1 くり下がっているので，右のような間違いをしないように，注意させましょう。

(7)
```
  173
－ 74
  109
```

(8)
```
  190
－ 96
  104
```

2 十の位から一の位にくり下げられないので，百の位から十の位に１くり下げ，次に，十の位から一の位に１くり下げて計算します。

4 (4)のように，(３けた)－(１けた)を計算するときは，十の位の０や百の位の７を，答えに書き忘れないように注意させましょう。

20～21 ページ

9 長さ ①

1 (1) cm　(2) mm

2 (1) 2cm　(2) 7cm6mm
(3) 10cm2mm

3 (1) 6cm　(2) 4cm5mm

4 (1) 20　(2) 62

5 (1)＞　(2)＜

6 (1) 7cm5mm　(2) 9cm

7 (1) 3cm
(2)(しき) 2cm＋2cm5mm＝4cm5mm
(答《こた》え) 4cm5mm
(3)(しき) 4cm5mm－3cm＝1cm5mm
(答え) **イ**の　線《せん》が　1cm5mm　長《なが》い。

指導の手引き

1 1cm，1mm が，それぞれどのくらいの長さなのかを，把握させておきましょう。

2 ものさしの小さい１目もりは，1cm を 10 等分した１つ分の長さで，1mm になっています。

ここに注意！ (2)を 76mm，(3)を 102mm と答えてもよいです。

4 cm や mm は長さの単位で，1cm＝10mm です。

5 (1) 5cm＝50mm，(2) 2cm6mm＝26mm と，２つの長さの単位をそろえて比べます。

6 cm は cm どうし，mm は mm どうしと，同じ単位どうしで計算します。

7 (3)は，違いを求めるので，ひき算になります。また，長さの計算は，単位をそろえて計算するように習慣づけて下さい。

22～23 ページ

10 長さ ②

1 (1) 300　(2) 6　(3) 505　(4) 4，20

2 (1)＞　(2)＞　(3)＜　(4)＜

3 (1) 7m20cm　(2) 4m30cm
(3) 1m60cm　(4) 6m

4 (1) 140cm　(2) 1m40cm

5 1m30cm

6 1m19cm

指導の手引き

1 m は長さの単位で，1m＝100cm です。

2 (1) 1m2cm＝102cm，(2) 4m9cm＝409cm，(3) 3m＝300cm，(4) 2m30cm＝230cm と，２つの長さの単位をそろえて比べます。

ここに注意！ (1)では，1m2cm を 120cm，(2)では，4m9cm を 490cm としてしまうミスが多いので，何十のところに０を書き入れるよう注意させましょう。

3 m は m どうし，cm は cm どうしと，同じ単位どうしで計算します。

4 (1) 30＋30＋30＋30＝120 で，120cm です。あと 20cm なので，120＋20＝140 より，140cm です。

6 同じ単位どうしで計算できるようにしましょう。

24～25 ページ

11 三角形と　四角形

1 (1)四角形《しかくけい》　(2) 3

2 三角形《さんかくけい》…**イ**，**キ**，**ケ**
四角形…**ア**，**カ**，**シ**

3 (れい)

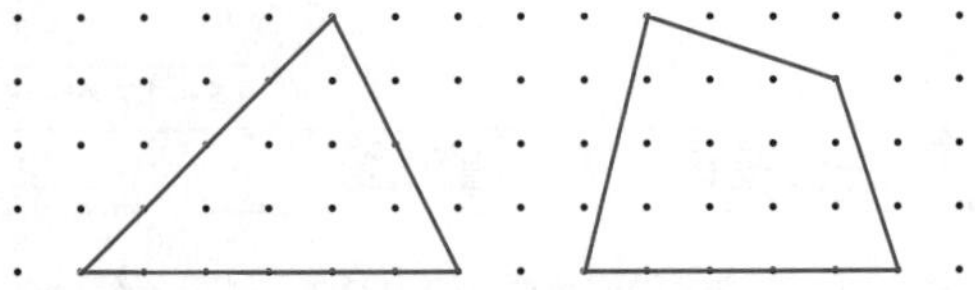

4 三角形…4 こ，四角形…4 こ

5 (1)(れい)　(2)(れい)

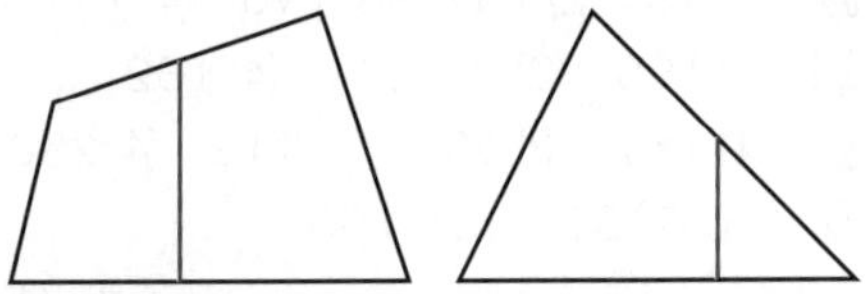

指導の手引き

2 直線ではない線で囲まれている形や，直線で

もつながっていない形は，三角形や四角形ではないことに注意させましょう。

3 三角形は3つの点を直線でつないで囲んだ形，四角形は4つの点を直線でつないで囲んだ形です。

4 三角形は，3本の直線で囲まれた形です。四角形は，4本の直線で囲まれた形です。

26～27 ページ

12 長方形と　正方形

1

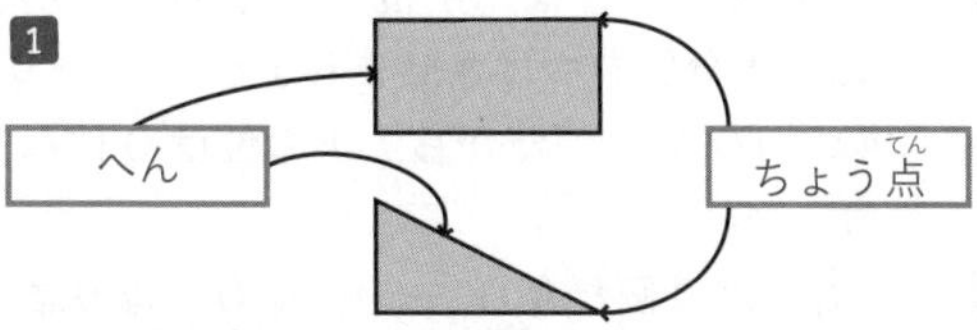

2 (1)長方形《ちょうほうけい》　(2)直角三角形《ちょっかくさんかくけい》

3 **ウ**

4 長方形…**ア**，正方形《せいほうけい》…**カ**
直角三角形…**オ**

5 (れい)

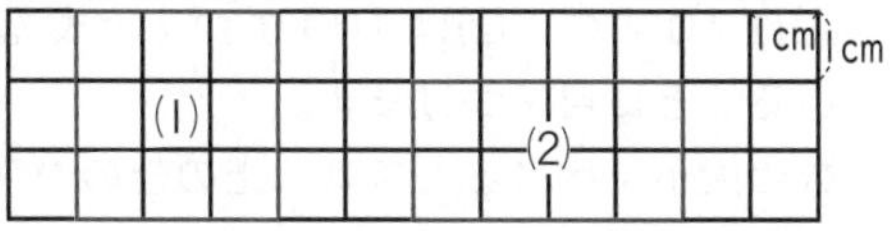

指導の手引き

4 4つのかどがみんな直角になっている四角形が長方形です。4つのかどがみんな直角で，辺の長さがみんな同じ四角形が正方形です。

5 (2)長方形の向かい合っている辺の長さは同じです。

28～29 ページ

13 かさ

1 (1) 8dL　(2) 2L1dL　(3) 3L
(4) 1L4dL

2 (1) 60　(2) 18　(3) 3，5　(4) 2000
(5) 3

3 (1)>　(2)>　(3)<　(4)<

4 (1) 7L3dL　(2) 2L6dL　(3) 1L9dL
(4) 4L2dL

5 (1)(しき) 1L5dL＋3dL＝1L8dL
(答《こた》え) 1L8dL
(2)(しき) 1L5dL－3dL＝1L2dL
(答え) 1L2dL

指導の手引き

2 1L＝10dL，1L＝1000mLです。単位の関係をしっかり覚えさせましょう。

3 同じ単位にそろえて比べます。たとえば，(1)は3L＝30dL，(3)は4000mL＝4L，50dL＝5Lとして比べます。

4 かさを計算するときには，同じ単位どうしを計算します。

5 (1)は，合わせてどれだけになるかを求めるので，たし算をします。(2)は，違いを求めるので，多い方から少ない方をひきます。

30～31 ページ

14 かけ算

1 (1) 15　(2) 20　(3) 18　(4) 21　(5) 30
(6) 4　(7) 4　(8) 18　(9) 24　(10) 5
(11) 28　(12) 36　(13) 30　(14) 64　(15) 63

2 (しき)2×8＝16
(答え)16こ

3 (しき)6×8＝48
(答え)48本

4 (しき)8×3＝24　または　4×6＝24
(答え)24こ

5 (しき)6×7＝42
(答え)42cm

6 (しき)5×2＝10
4×3＝12
10＋12＝22
(答え)22こ

7 (1) 88　(2) 78　(3) 60　(4) 84　(5) 117
(6) 44

指導の手引き

2 2個ずつ8人に配るので，2個の8人分で，全体の個数は，2×8と式に表せます。

3 ひご6本で1つの形がつくれるので，6×8で，8つの形をつくるのに必要なひごの本数を求めることができます。

4 お盆に目をつけると，いちごの数は，「8個が3つ分」で，お皿に目をつけると，いちごの数は，「4個が6つ分」になります。どちらで求めても，答えは同じになることを認識させましょう。

5 6cm の 7 倍は，6cm の 7 つ分です。

6 ドーナツが 5 個入っている箱と，ドーナツが 4 個入っている箱を，別々に考えて，それぞれ式に表し，あとで合計します。

7 (1)は，11 を 9 と 2 に分けます。8×9=72，8×2=16 だから，72+16=88
(4)は，12 を 9 と 3 に分けます。9×7=63，3×7=21 だから，63+21=84

32～33 ページ

15 九九の　ひょう

1 ㋐1　㋑12　㋒27　㋓20　㋔15
㋕54　㋖49　㋗32　㋘18　㋙72

2 (1) 4　(2) 7　(3) 6

3 (1) 1×9，3×3，9×1
(2) 3×8，4×6，6×4，8×3
(3) 4×9，6×6，9×4
(4) 6×7，7×6

4 (1) 7　(2) 8　(3) 4　(4) 6

5 (れい)

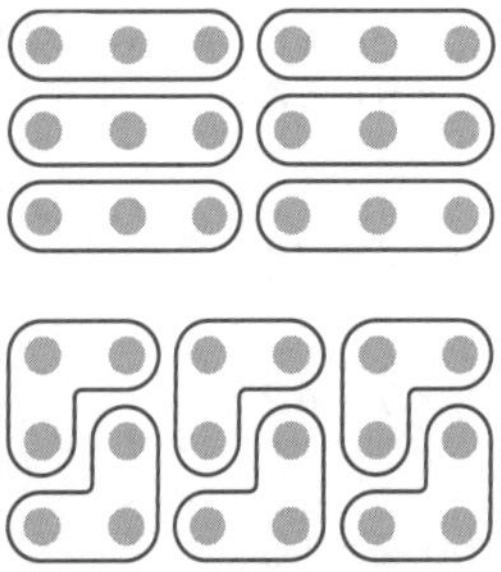

指導の手引き

3 九九を唱えて見つけることもできますが，九九の表を使って見つけさせるのもよいでしょう。また，答えが同じになる九九は，答えによって数がちがうことに気づかせましょう。

5 (れい)以外にも囲み方があるので，考えさせるとよいでしょう。

34～35 ページ

16 10000 までの　数，分数

1 (1) 7283　(2) 1006

2 (1) 9　(2) 3，0

3 (1) 6710　(2) 8035　(3) 10000
(4) 9990

4 (1) $\frac{1}{8}$　(2) $\frac{1}{2}$　(3) $\frac{1}{4}$

5 (1) 2100　(2) 4500　(3) 6600

6 (1)
8980－8990－9000－9010－9020
(2)
6900－7000－7100－7200－7300

7 6645 → 6564 → 6546 → 6465

指導の手引き

1 数字を書くときは，空位の 0 を忘れないように，十分気をつけさせましょう。

2 (2)は，10 が 0 個だから，十の位は 0 になります。

3 (1)は，1 が 0 個だから，一の位は 0 になります。

4 同じ大きさにいくつに分けたかを数えます。—の下に分けた数を，—の上に 1 を書きます。

5 数の線の 1 目もりは，1000 を 10 に分けているので，100 になります。目もりを数え間違えないように気をつけましょう。

6 (1)は 10 ずつ，(2)は 100 ずつ大きくなっていることに目をつけます。

7 数の大小を比べるときは，上の位の数字から順に比べさせましょう。ここでは，千の位の数字は全部 6 なので，百の位に目を向け，次に十の位に目を向けるようにさせます。

36～37 ページ

17 はこの　形

1

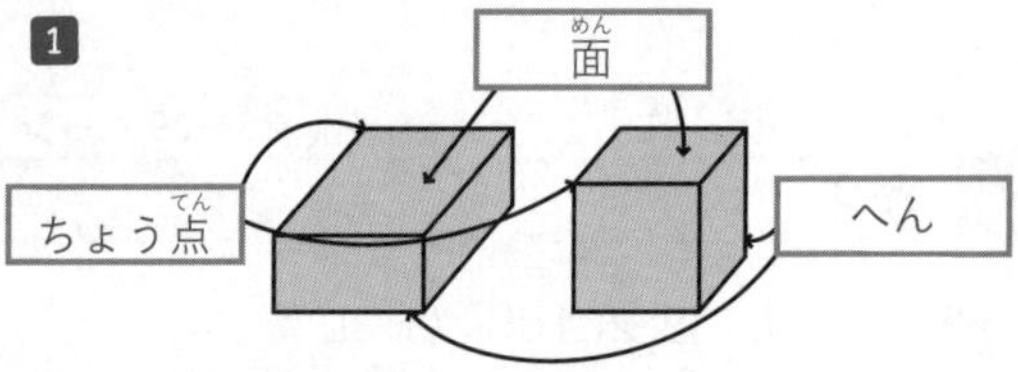

2 (1)オ　(2)カ　(3)ケ

3 (1) 4 本　(2) 4 本　(3) 4 本　(4) 8 つ

4 正方形《せいほうけい》

指導の手引き

2 向かい合う面は，必ず同じ形をしています。

ここに注意！ 切り開いた図で，どの面とどの面が向かい合うかは，実際に箱を切り開いたり，組み立てたりして覚えさせましょう。

4 さいころの形では，面はどれも正方形で，辺はみんな同じ長さです。

38〜39 ページ

18 どんな　計算に　なるのかな

1 (しき) 11＋6＝17

(答《こた》え) 17 こ

2 (しき) 28－3＝25

(答え) 25 本

3 (しき) 53－30＝23

(答え) 23 ページ

4 (しき) 33－27＝6

(答え) 6 人

5 (しき) 92－4＝88

(答え) 88 点《てん》

6 (しき) 1m26cm＋15cm＝1m41cm

(答え) 1m41cm

7 (しき) 7×9＝63

100－63＝37

(答え) 37 円

8 (しき) 8×6＝48

48＋97＝145

(答え) 145 円

指導の手引き

1 はじめの数は，残りの 11 個と，食べた 6 個をたすと求められます。

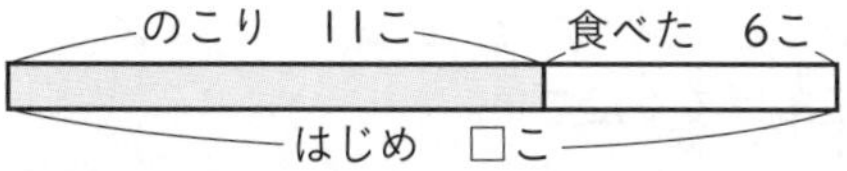

ここに注意！ 図をかくとわかりやすいので，図をかく習慣をつけさせるとよいでしょう。

2 はじめの数は, 全部の本数 28 本から, もらった 3 本をひくと求められます。

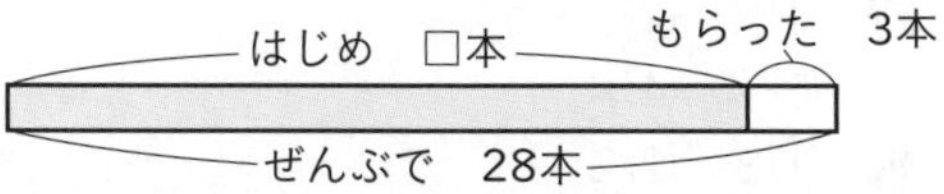

3 読んだページ数は，全部のページ数 53 ページから，残りの 30 ページをひくと求められます。

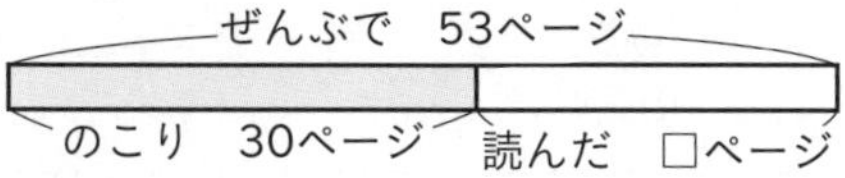

4 乗ってきた人数は，全部の人数 33 人から，はじめに乗っていた 27 人をひくと求められます。

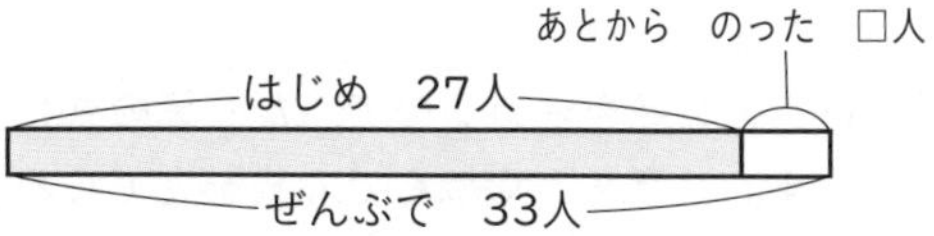

5 ゆきさんの点数は，ちかさんの 92 点より，4 点低かったことから，92－4 で求められます。

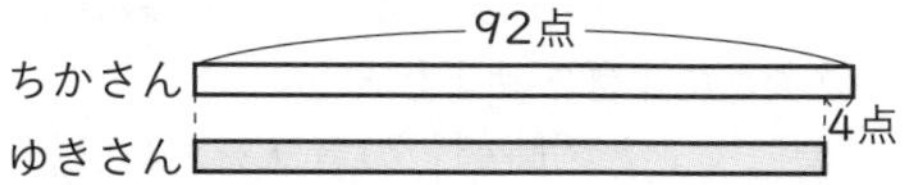

6 お姉さんの背の高さは，さくらさんの背の高さ 1m26cm より，15cm 高いことから，1m26cm＋15cm で求められます。

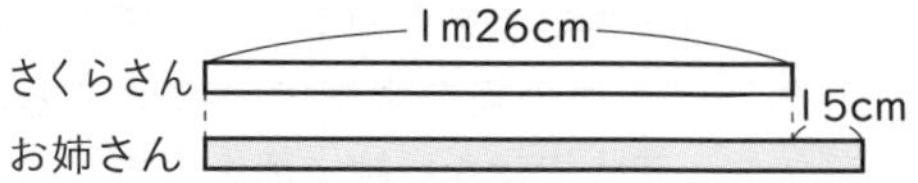

7 まず，色紙の代金を求め，100 円から色紙の代金をひくと，おつりがいくらかが求められます。

8 あめの代金と，チョコレートの代金をたすと，全部の代金が求められます。

40〜42 ページ

19 しあげテスト

1 (1) 39　(2) 55　(3) 80　(4) 120

(5) 102　(6) 214　(7) 13　(8) 16

(9) 62　(10) 55　(11) 76　(12) 309

2 (しき) 12＋9＝21

(答え) 21 こ

3 (1) 10　(2) 18　(3) 8

(4) 21　(5) 20　(6) 63

4 (1) 453　(2) 9205　(3) 360　(4) 8000

5 (1) 6 時《じ》 45 分《ふん》

(2) 33 分《ぶん》

6 (1) 80　(2) 45

(3) 208　(4) 6，23

7 (1) 90　(2) 1，7

(3) 5000　(4) 4

8 三角形《さんかくけい》…**イ**　四角形《しかくけい》…**エ**

9 (1) 長方形《ちょうほうけい》　(2) 正方形《せいほうけい》

指導の手引き

1 2年生で習ったたし算とひき算の計算です。くり上がり，くり下がりに気をつけて計算しましょう。

2 はじめの数を求めるので，たし算の式になります。文章をよく読んで，式を立てられるようにしましょう。

3 九九は，はじめから順にではなく，途中からでも唱えられるか確認しましょう。

4 数字を書くときは，空位の0を書き忘れないように注意させましょう。

5 「時こく」と「時間」の意味をおさえ，それぞれ求められるようにしましょう。

6 1m＝100cm，1cm＝10mm です。

7 1L＝10dL，1L＝1000mL です。

8 三角形は3つの点を直線でつないで囲んだ形，四角形は4つの点を直線でつないで囲んだ形です。直線ではない線で囲まれている形や，直線でもつながっていない形は，三角形や四角形ではないことに注意させましょう。

9 4つのかどがみんな直角になっている四角形が長方形です。また，4つのかどがみんな直角で，辺の長さがみんな同じ四角形が正方形です。

生活

44～45 ページ

1 春の　まちたんけん

1 (1)おうだん歩道《ほどう》
(2)ふみきり
(3)ぼうはんブザー
(4)交番《こうばん》

2 (1)モンシロチョウ
(2)サクラ
(3)ダンゴムシ
(4)タンポポ

指導の手引き

1 交通ルールを守り，安全に町探検をすることを教えましょう。ふざけたり，ほかの人に迷惑をかけたりしないように気をつけ，必ず帰る時刻を守るように約束させましょう。

2 まわりを観察し，春のようすを感じとらせ，草花や生き物などから気づいたことを聞いてあげましょう。また，季節の変化とともに，私たちの生活のようすも変化することにも気づかせましょう。

ここに注意! 春に見られるチョウは，モンシロチョウのほかにもいろいろあります。春になると花もたくさん咲き始めます。それぞれの特徴をおさえ，区別できるように覚えさせましょう。名まえのわからないものがあれば，図鑑などで調べさせ，知識を増やすように導いてあげてください。

46～47 ページ

2 生きものを　そだてよう

1 (1)×　(2)○
(3)○　(4)×

2 (1)3　(2)2
(3)4　(4)1

3 (1)○　(2)×
(3)×　(4)○
(5)○　(6)×
(7)×　(8)○

指導の手引き

1 ミニトマトを育てるときは，上に伸びるように支柱を立てて体を支えます。たくさん実をつけるように，肥料も与えましょう。

2 生き物に関心をもち，その成長や変化を観察する中で，生き物をいつくしむ心を育てていきます。

3 生き物が住む場所についてくわしく調べさせてみると，生き物への関心を深めることにつながるでしょう。

ここに注意！ 生き物によって育て方は違います。その生き物に合った方法で育てられるように，導いてあげましょう。また，家や学校で生き物を育ててきた中で，苦労した点や気をつけた点，おもしろかった点などを聞いてみましょう。

48〜49 ページ

3 夏が　来たよ

1 (1)×　(2)○
(3)○　(4)×

2 (1)**ア**　(2)**ウ**
(3)**エ**　(4)**イ**

指導の手引き

1 ミニトマトは，実が赤くなってから収穫します。収穫するときは実を丁寧に扱い，1つずつとるようにさせましょう。自分で育てた野菜を食べたときの感想も聞いてみましょう。

2 身の回りにある材料を使って，おもちゃを作らせてみましょう。工夫しだいでさまざまなおもちゃを作れることに気づかせてあげてください。おもちゃを手作りしたり遊び方を工夫したりすることは，想像力を育むことにつながります。

50〜51 ページ

4 秋の　まちたんけん

1 (1)**ウ**　(2)**イ**　(3)**ア**　(4)**エ**

2 (1)○　(2)×　(3)○　(4)○
(5)○　(6)○　(7)×　(8)×

指導の手引き

1 子どもたちは，実際に利用することで交通機関の乗り方を覚えます。一緒に出かけるときには，正しい利用方法を教えておきましょう。

2 シロツメクサ，おたまじゃくし，つくしは春に見られるものです。実際に町で見つけたものがあるか，聞いてみましょう。

ここに注意！ 一緒に外を歩くときなどに，季節を感じられるものを見つけたら，声をかけて注目させましょう。

52〜53 ページ

5 冬が　来たよ

1 (1)○　(2)×　(3)×
(4)○　(5)○　(6)×

2 (1)**オ**　(2)**エ**　(3)**ア**　(4)**イ**

指導の手引き

1 冬が旬の野菜はほかに，カブやコマツナなどがあります。旬の野菜は栄養価が高く，おいしく食べられます。野菜に限らず，果物や魚などにも旬があることを教えましょう。

2 なまはげなど，地域の行事を知らないときは，教えてあげてください。季節の行事や遊びを体験させることは，季節感を養わせるきっかけになります。

ここに注意！ 冬は1年が終わり，新しい年を迎えるときでもあります。伝統的な行事や地域の行事をできるだけ多く体験させましょう。

54〜55 ページ

6 もうすぐ　3年生

1 (1)**エ**　(2)**イ**　(3)**ア**　(4)**ウ**

2 1年間《ねんかん》のできごとの中で，楽《たの》しかったことを1つ書《か》けていればよいでしょう。

3 1年間でできるようになったことを1つ書けていればよいでしょう。

4 3年生になったらがんばりたいことを1つ書けていればよいでしょう。

指導の手引き

1 自分が大きくなったことを実感させるために，生まれてからの物語を作らせましょう。多くの人に支えられてきたことに，気づくことができるでしょう。

2 この1年間でどんなことが楽しかったかを上手にまとめられていたら，ほめてあげてください。

3 1年間をふり返り，できるようになったことを具体的に書かせてみましょう。

4 希望をもって3年生に進めるよう励ましてあげましょう。

56 ページ

7 しあげテスト

1 (1)×　(2)○　(3)○　(4)×

2 (1)テントウムシ
(2)ミノムシ
(3)カエル

指導の手引き

1 お店の人にあいさつをしてから話を聞くこと，お店の品物には勝手にさわらないことなどの約束があります。町探検では，みんなが約束を守ることが大切であることを教えましょう。

2 生き物には，冬を越すものとそうでないものがいます。季節によって生き物のようすが変わることに気づかせましょう。

国語

95～94 ページ

1 かん字(読み)

1 (1)たの・なつやす　(2)えほん
(3)きょうしつ・はい　(4)がいこく・い
(5)のはら・ある　(6)きょうだい

2 (1)**イ**　(2)**ア**　(3)**ア**　(4)**イ**　(5)**ア**　(6)**イ**

3 (1)むし・なか　(2)ゆき・くも
(3)おやこ・あたら
(4)しょうじょ・こいぬ・まいにち・うみ

4 (1)しょてん・みせばん　(2)こうか・うた
(3)かいじょう・あ　(4)にほんご・かた
(5)たい・からだ

指導の手びき

1 送りがなのついている漢字は，送りがなを手がかりに読ませましょう。熟語は，意味を考えさせながら，読み書きの練習をさせましょう。

3 形の似た漢字は，違いをよく見て，注意深く覚えさせましょう。

4 漢字の読み方には，音読みと訓読みがあります。どちらの読み方なのか，考えながら読ませましょう。

ここに注意！ 音読みは，中国の発音をそのまままねた読み方。(例)来…ライ。訓読みは，漢字がもっている意味を日本の言葉にあてはめた読み方。送りがながつくものが多い。(例)来…く-る。

93～92 ページ

2 かん字(書き)

1 (1)公園　(2)遠・星　(3)考・答
(4)当　(5)道

2 (1)明日　(2)上手　(3)今年
(4)今朝　(5)川原

3 (1)弓　(2)糸　(3)頁
(4)女　(5)口　(6)日
(7)禾

4 (1)岩　(2)池　(3)計
(4)太　(5)理　(6)親

指導の手びき

1 習った漢字を文章の中で書けるように，練習をさせましょう。

2 特別な読み方をする言葉は，ほかにもたくさんあります。日にち，数の数え方などは，早いうちからきちんと覚えさせましょう。

3 形の似た漢字は，共通する部分と異なる部分に注目させましょう。

4 音読みが同じ漢字は，意味の違いに注意して，熟語で覚えさせましょう。

91〜90 ページ

3 おくりがな

1 ⑴回る　⑵外れる　⑶教える
⑷交じる

2 ⑴明ける　⑵明るい　⑶明らかな
⑷新たな　⑸新しい

3 ⑴通う　⑵晴れる　⑶太い
⑷行う　⑸答える
⑹語らう

4 ⑴分る→分ける　⑵用て→用いて
⑶聞える→聞こえる　⑷帰える→帰る
⑸細い→細かい

指導の手びき

1 ⑵の「外」には「はず(す)」という読み方があることにも注意させましょう。⑷の「交」には「ま(じる)」の他に「ま(ざる)」「ま(ぜる)」「まじ(える)」「まじ(わる)」などの複数の読み方があることを確かめさせましょう。

3 「太い」のように，「い」「しい」がつく言葉(形容詞)は，その部分から送ることを覚えさせましょう。

4 「細」は「ほそ(い)」「こま(かい)」のように，送りがなのつけ方で読み方が変わるものがあることを覚えさせましょう。

ここに注意！ 「帰る」という言葉は，次のように変化します。「帰らない」「帰ります」「帰る」「帰るとき」「帰れば」「帰れ」「帰ろう」。このように，動作を表す言葉(動詞)は変化するところから送りがなをつけるのが原則です。

89〜88 ページ

4 ひつじゅんと　画数

1 ⑴**ア**　⑵**イ**　⑶**イ**
⑷**ア**　⑸**イ**

2 ⑴1　⑵7　⑶5
⑷2　⑸2
⑹1　⑺7　⑻6　⑼3　⑽6

3 ⑴12　⑵18　⑶4　⑷10　⑸8　⑹11
⑺11　⑻4　⑼13　⑽5　⑾15　⑿10

4 ⑴' 亠 亏 方
⑵丿 九 丸
⑶一 十 土 耂 耂 考
⑷丨 冂 冂 同 同 同
⑸㇆ ㇆ 习 羽 羽 羽
⑹丨 ⺌ ⺌ 当 当 当

指導の手びき

1 漢字の書き方には，「上から下へ」「左から右へ」「中から左右へ」「外から中へ」などのきまりがあることを覚えさせましょう。

2 ⑸「右」と⑹「左」の筆順は，特に気をつけさせましょう。

3 ⑴「辶(しんにょう・しんにゅう)」，⑻「弓(ゆみへん)」は，どちらも三画で書く部首です。正しい筆順と画数を，一緒に覚えさせましょう。

4 新しい漢字を学ぶときに，正しい筆順を覚えさせましょう。

87〜86 ページ

5 かたかなの　ことば

1 ⑴マラソン・トラック・シチュー
⑵ジャック・エジプト
⑶ミャーオ・ワンワン
⑷ドスン・ギギー

2 ⑴○　⑵○　⑶×　⑷○　⑸○　⑹×

3 ⑴ドンドン→どんどん
⑵すうぷ→スープ・かっぷ→カップ
⑶でぱあと→デパート・すかあと→スカート
⑷ヒナ→ひな・ぴいぴい→ピイピイ(ピーピー)
⑸タイコ→たいこ
⑹ぷうる→プール・ざぶん→ザブン

指導の手びき

1 かたかなで書く言葉を分類できるようにさせましょう。

2 かたかなで書く言葉にはどのようなものがあるか，しっかり覚えさせましょう。

ここに注意！ 次の言葉はかたかなで書き表します。
①外国から来た言葉（外来語）
②外国の国名・地名・人名
③動物の鳴き声
④いろいろな物音

3 物音はかたかなで書き，様子を表す言葉はひらがなで書きます。(1)と(5)の「ドンドン」の違いに注意させましょう。

85～84 ページ

6 かなづかい

1 (1)は　(2)は　(3)を
(4)へ　(5)お

2 (1)こおりみず　(2)おうさま
(3)せんせい　(4)おおかみ
(5)おねえさん　(6)けいさつ

3 (1)みかづき　(2)はなぢ
(3)てづくり　(4)そこぢから
(5)たけづつ　(6)ゆのみぢゃわん

4 (1)**イ**　(2)**イ**　(3)**イ**
(4)**ア**　(5)**イ**　(6)**ア**
(7)**イ**　(8)**ア**　(9)**イ**
(10)**ア**

指導の手びき

1 「わ」と「は」，「お」と「を」，「え」と「へ」の使い分けに注意させましょう。

2 普通，「お・こ・そ・と・の・ほ・も・よ・ろ」に続いてのばす音のときは，「う」と書きます。「お」と書く場合の例外を覚えさせましょう。

3 二つの言葉が組み合わさると，下の音が濁る場合が多いことを覚えさせましょう。

4 (6)「いう」は「ゆう」と間違えやすいので，注意させましょう。

83～82 ページ

7 ことばの　いみ

1 (1)おわり　(2)うら
(3)おそい　(4)おす
(5)さむい　(6)ひくい

2 (1)やぶれる　(2)ふあん
(3)げんいん　(4)言《い》う
(5)しゃがむ　(6)うれしい

3 (1)いらいらする　(2)きゅうに
(3)年が　少《すく》ない　(4)すばらしい
(5)やって　みる　(6)山の　ふもと
(7)少《すこ》し　前《まえ》　(8)はんたいする

4 (1)**ウ**　(2)**ア**
(3)**イ**　(4)**オ**

指導の手びき

1 (6)「高い」の反対語は，「低い」のほかに「安い」もあります。「あつい」も，「寒い」「薄い」など，使い方（意味）によって反対語が変わることを覚えさせましょう。

2 似た意味のことばは，「試合にまける」「試合にやぶれる」のように置きかえられる場合もありますが，「楽しい物語」「うれしい物語」のように置きかえると意味が若干異なる場合があることを確かめさせましょう。

3 いろいろな状況を理解したり，表現したりするために，言葉の数を増やすようにさせましょう。(1)「あせる」は，思い通りにならずに気をもむ様子を表し，「じりじりする」という表現もあることを覚えさせましょう。(2)「とつぜん」は，「にわかに」「不意に」などの似た意味の言葉があることも確かめさせましょう。(5)「ためす」と似た意味の言葉には「こころみる」があります。(8)「さからう」の反対の意味の言葉は「したがう」です。

4 様子を表す言葉をたくさん覚えて，豊かな表現ができるようにさせましょう。(1)「だんだん」は少しずつ変化していく様子，(2)「ごろんと」は横たわる様子，(3)「ゆらゆら」はゆったりとゆれ動く様子，(4)「ちらちら」は細かいものがひらめくように見える様子を表すことを，それぞれ確かめさせましょう。

81～80 ページ

8 点(、)・丸(。)・かぎ(「 」)を　つかう

1 (1)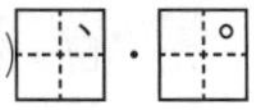

(2)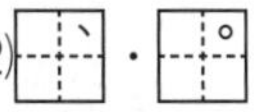

(3)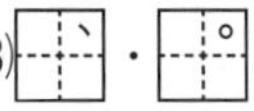

2 (1)ここで、はきものをぬぎましょう。
・ここでは、きものをぬぎましょう。
(2)バスが、こしょうして止《と》まっているトラックにぶつかった。・バスがこしょうして、止まっているトラックにぶつかった。
(3)ねこは、どろんこになってにげるねずみをおいかけた。・ねこはどろんこになって、にげるねずみをおいかけた。

3 (1)「メロンパンは　ありますか。」・「はい。こちらに　ありますよ。」・「ありがとうございます。」
(2)「それは　いけない　ことよ。」・「ごめんなさい。」・「これからは　気をつけて。」

指導の手びき

1 「、」や「。」の正しい書き方を覚えさせましょう。

2 「、」を打つ場所によって，文の意味が変わることを理解させましょう。

3 会話とほかの文を区別できるようにさせましょう。

79～78 ページ

9 主語と　述語

1 (1)**イ**　(2)**ア**　(3)**イ**
(4)**ウ**　(5)**エ**

2 (1)**ウ**　(2)**エ**　(3)**エ**
(4)**オ**　(5)**エ**

3 (1)**ア・エ**　(2)**イ・エ**　(3)**ウ・エ**
(4)**ウ・エ**　(5)**ア・エ**　(6)**ア・エ**

4 (1)**ア**　(2)**ウ**　(3)**イ**
(4)**ア**　(5)**イ**　(6)**ウ**

指導の手びき

1 主語は，「何が(は)」「だれが(は)」にあたる言葉であることを確認させましょう。

2 述語は，「どうする」「どんなだ」「なんだ」にあたる言葉であることを確認させましょう。

3 述語はふつう文の終わりにあることに注意させましょう。まず，述語を見つけさせ，次に主語を探させましょう。

4 **ア**の「何が(は)　どうする」は，動作を表す言葉が，**イ**の「何が(は)　どんなだ」は，様子や性質を表す言葉が，**ウ**の「何が(は)　なんだ」は，ものの名前を表す言葉が，それぞれ述語に含まれることを覚えさせましょう。

77～76 ページ

10 文を　作る

1 (右から　じゅんに)
(1)4・2・3・1(4・1・3・2)
(2)4・6・2・5・3・1
(3)4・1・2・3

2 (れい)(1)トラックが，ものすごいいきおいで走《はし》ってきた。
(2)母《はは》は，朝《あさ》ごはんの用《よう》いでいそがしい。

3 (れい)(1)犬　(2)きのう・学校
(3)止《と》まった　(4)さむくなった

4 (1)だろう　(2)ない　(3)たら
(4)でも　(5)ようだ

指導の手びき

1 言葉の順番は一通りではありませんが，意味の通る文にするにはどうすればよいかを考えさせましょう。

2 決められた言葉を使って，主語と述語の整った短文を書かせましょう。

ここに注意！ 三つのもとになる文の形を，しっかりと区別させましょう。
①「何が(は)　どうする」…述語は，動作を表す。(例)鳥が　鳴く。
②「何が(は)　どんなだ」…述語は，様子や状態を表す。(例)空が　青い。
③「何が(は)　何だ」…述語は，ものの名前を表す。(例)これは　えんぴつだ。

3 身近なできごとから，あてはまる言葉を考えさせましょう。

4 「もし…ならば(たら)」など決まった言い方を覚えさせましょう。また，「全然」は「～ない」という否定の形で，正しく使うようにさせましょう。

75〜74 ページ

11 つなぐ　ことば

1 ⑴**オ**　⑵**イ**　⑶**ウ**
⑷**エ**　⑸**ア**

2 ⑴**イ**　⑵**ウ**
⑶**ア**　⑷**エ**

3 ⑴**イ**　⑵**ウ**
⑶**エ**　⑷**ア**

4 ⑴のに(けど)　⑵ば
⑶し　⑷と　⑸けれど

指導の手びき

2 ⑴えんぴつかボールペンのどちらかを選ぶときに使うことを覚えさせましょう。⑵前の文の理由があとに続いていることをとらえさせましょう。⑷母の妹を，おばと言いかえていることに注意させましょう。

3 前後の文のつながり方に気をつけて，ふさわしいつなぎことばを選ばせましょう。

4 接続助詞は短い言葉ですが，接続詞と同じ働きをします。⑴は前半と後半が逆の内容になることに注意させましょう。

73〜72 ページ

12 生活文を　読む

1 ⑴子ねこ(ねこ・みけねこ)・(四才《さい》ぐらいの)女の子
⑵**ア**　⑶**イ**

2 ⑴**ウ**　⑵**ア**

指導の手びき

1 ⑴「四才ぐらいの　女の子」「その　女の子」など繰り返し使われている言葉に注目して，何について書かれた作文かを考えさせましょう。
⑵二回繰り返されている「小さな　小さな」からどんな印象を受けるかを考えさせましょう。
⑶前の文とあとの文が理由と結果につながっていることに気づかせましょう。

2 ⑴お母さんが追い出そうとしているものは何かを考えさせましょう。
⑵「きゅうに　とびはねて」に注目させましょう。

71〜70 ページ

13 ものがたりを　読む ①

1 ⑴村に　はつ雪《ゆき》の　ふった　日・東京《とうきょう》へ
⑵草色《くさいろ》の　マフラー
⑶(れい)春《はる》に　なるまで　お父《とう》さんと　お母《かあ》さんに　会《あ》えなくて　さみしいけど，お母さんとの　やくそくを　まもって　がまんしよう，と　いう　気もち。

2 ⑴やえもん・火のこ・いなむら
⑵(れい)たんぼが　火《か》事《じ》に　なって，びっくりした　気もち。

指導の手びき

1 ⑴物語には「とき(いつ)・ところ(どこで)・人(だれが)・できごと(何をしたのか)」が書かれています。文章を読んで，正しくとらえさせましょう。
⑵この物語のキーポイントとなる大事なものです。
⑶「やい，北風，早く，春を，つれて，こい。」という言葉には，「お父さんとお母さんが帰ってくる春が待ち遠しい」という気持ちが表現されています。「草色のマフラー」は，出稼ぎに行くお母さんの思いの象徴です。あとに続く「ぎゅっと　はを　くいしばって」という様子にも注目させて，寒さや寂しさに耐えているコウくんの気持ちをまとめさせましょう。

2 ⑴やえもんの走っている様子に注目させましょう。
⑵おひゃくしょうさんが家から飛び出してきたときの様子や，セリフに注目させましょう。

69〜68 ページ

14 ものがたりを　読む ②

1 ⑴(れい)じてんしゃの　れんしゅう。
⑵(れい)なんども　じてんしゃで　ころんだから。

2 ⑴(れい)おにんぎょうさんが　へんじを　して　くれないから。
⑵(れい)おにんぎょうさんが　ともだちのように　思《おも》えたから。

指導の手びき

1 (1)登場人物は，ひろしとメリーちゃん，ひろしのお母さんです。「そう，そう，うまいよ。だいじょうぶね。はなすよ。」という発言に着目させ，メリーちゃんがひろしの乗る自転車を支えていたことをとらえさせましょう。
(2)お母さんには「いろんなことしてあそんだだけだよ。」と答えましたが，実際に何をしていてどろだらけになったのかに注意させます。「それから，ひろしはなんべんころんだかわかりません。」という一文に着目させ，自転車の練習をしていて何度も転んだことをまとめさせます。

2 (1)冒頭の一段落に着目させます。お人形さんが返事をしてくれないのでつまらなくなったことをとらえさせましょう。
(2)お人形さんが口をきいたふりをして「まり子ちゃん！」とどなってみて，自分で返事をすると，お人形さんとお話しができて友達のように思えてきたことを想像させましょう。

67〜66 ページ

15 せつ明文を　読む ①

1 (1)**エ**
(2)(れい)おす(の　セミが)めすを　よびよせる(ため。)
(3)(れい)一生の　ほとんどを　地中《ちちゅう》で　すごす　虫。

2 (れい)(1)遠《とお》くまで　草を　さがしに　出かける　とき。
(れい)(2)通《とお》る　道《みち》に　うんちを　する　こと。
(3)はたらき(に　ついて)

指導の手びき

1 (1)前では，セミの幼虫が長く土の中ですごすことが書かれてあり，あとではその例としてアブラゼミの場合六年くらい地中ですごすと説明されていることをとらえさせます。
(2)一つ目の段落に着目させ，セミが鳴く理由をとらえさせます。
(3)まとめとなる最後の段落に着目させます。どのような虫かと問われているので，「〜虫。」という形で答えさせましょう。

2 (1)こそあどことばの指す内容は，多くの場合直前にあります。どんなときかと問われているので，「〜とき。」という形で答えさせましょう。
(2)何を指しているかと問われているので，「〜していきます。」「〜していく。」という答えにならないように，注意させましょう。——線の部分に答えをあてはめるとき，そのままの形でよいものと，形を変える必要があるものとがあることを覚えさせましょう。
(3)何のこと，どんなことが書いてあるかを考えながら全体を読み，文章の要点をとらえさせましょう。

65〜64 ページ

16 せつ明文を　読む ②

1 (1)(れい)しょくぶつは　うごかないのか(と　いう　もんだい。)
(2)(れい)太《たい》ようの　うごきを　おって　回《まわ》るから。

2 (1)(空きかんの)　リサイクル
(2)**ア**
(3)(右から) 3→2→4→1

指導の手びき

1 (1)話題や問題を考えさせながら文章を読ませましょう。問題を提起している文は，「〜でしょうか」などで終わることが多いことにも気づかせましょう。
(2)「『日回り』と書くこともあります」という前，または，あとの部分を利用してまとめさせます。「なぜですか」と問われているので「〜から。」や「〜ので。」という形で答えさせましょう。

2 (1)「空きかん」がごみとして捨てられたあとどうなるのかを説明した文章です。「空きかん」についてだけではなく，その「空きかん」がどうなるのかという内容までまとめさせます。最後の段落に着目させ，「さい生してり用する」ことを「リサイクル」ということをとらえさせましょう。
(3)選択肢の内容が，本文のどこに書かれていたかを探させ，線を入れるなどさせましょう。

63～62 ページ

17 しを　読む

1 (1)**ア**　(2)**ア**
(3)バッタ・みどり(草の)

2 (1)たびにでること。・ひこうきになること。・くもにとびのること。

指導の手びき

1 (1)「バッタ」「ピョンと」など繰り返し使われている言葉に注目して，何について書いた詩かを考えさせましょう。
(2)「草の色」「はっぱ」という言葉から連想する場所を答えさせましょう。
(3)詩の情景を思い浮かべながら，あてはまる言葉を考えさせましょう。

2 (1)「～たい」「～になるぞ」という，イナゴの気持ちを表す言葉に気づかせましょう。

ここに注意！　詩を読むときには，作者が見ているものが何かをとらえさせ，まわりの様子を想像させ，どんな気持ちになったかをつかませましょう。

61～60 ページ

18 みの　まわりの　ことを　書く

1 (れい)外で　あそびました・かぜを　引《ひ》いて　しまいました・びょういんに　行《い》きました

2 チューリップ・びょういん・よろこんで・「お姉《ねえ》ちゃん」・うれしく・手・楽《たの》しそう

指導の手びき

1 つなぎことばに注意して，文の続きを考えさせましょう。「だから」の代わりに「でも」などを使ったら，どんな文が続くかも考えさせてみましょう。

2 作文メモは，「はじめ」「中」「おわり」のように，書きたいことを順序よく並べて作ります。次に並べた事柄の中で，どれに力を入れて書くかを決めていきます。どのようなメモから，どのような作文が書けるのか，この問題を例として考えさせましょう。

59～57 ページ

19 しあげテスト

1 (1)歩道　(2)電池　(3)野鳥　(4)売店・茶・買　(5)魚市場・行

2 (1)直ちに　(2)直す　(3)交わる　(4)交ぜる　(5)細い　(6)細かい

3 (1)**ア**　(2)**ア**　(3)**ア**　(4)**ア**　(5)**イ**　(6)**ア**　(7)**ア**　(8)**イ**　(9)**ア**　(10)**イ**

4 (1)くらい　(2)ねる　(3)ぬぐ　(4)少ない　(5)みじかい　(6)ひろう　(7)答え　(8)下り

5 (1)**ア**
(2)(れい)わたしは　今日《きょう》も　元気《げんき》だよ、と　つたえる　ことが　できるから。
(3)(れい)みんなが　気もちよく　なる　まほうの　ことば。

指導の手びき

5 (1)□の前では，朝起きてすることをいくつか挙げて，あとでは「あいさつ」に話題をしぼっていることをおさえさせます。話題が変わっているときに使う接続語を確かめさせましょう。
(2)「朝のあいさつは，とてもだいじなのです」のあとに続く一文が，「なぜなら」から始まることに着目させ，理由を説明していることをとらえさせましょう。
(3)最後の段落に着目させます。「どのようなことばですか」と問われているので「～ことば。」という形で答えさせましょう。